Deutsche
und Humor

Jakob Hein & Jürgen Witte

Deutsche und Humor

Geschichte einer Feindschaft

Eine Abhandlung in einleitenden
Worten, sechzehn Kapiteln,
zwei Zwischenrufen, einem Anhang
und dreiundachtzig Fußnoten

Galiani Berlin

MIX
Papier aus verantwor-
tungsvollen Quellen
FSC® C006701

1. Auflage 2013

Verlag Galiani Berlin
© 2013, Verlag Kiepenheuer & Witsch, Köln
Umschlaggestaltung: Manja Hellpap und Lisa Neuhalfen, Berlin
Umschlagmotiv: © Atak
Autorenfotos: Jürgen Witte © privat,
Jakob Hein © Katharina Behling
Lektorat: Esther Kormann
Gesetzt aus der Sabon LT
Satz: GGP Media GmbH, Pößneck
Druck und Bindung: CPI – Ebner & Spiegel, Ulm
ISBN 978-3-86971-076-1

Weitere Informationen zu unserem Programm finden Sie unter
www.galiani.de

Für Ernest Scribbler

Einleitende Worte

Das Verhältnis der Deutschen zum Humor ist herzlich, inniglich und ungetrübt. Die erfolgreichsten Produktionen jeder massenfähigen Kunstrichtung, sei es nun Film, Literatur oder Bühnenkunst, sind seit Jahrzehnten vor allem humorvolle Werke. Man findet im ganzen Land wohl niemanden, der von sich behaupten würde, ungern zu lachen, es sei denn, der Befragte ist ein ausgemachter Spaßvogel. Auch wird der internationale Humor geschätzt: Mel Brooks, Monty Python und Louis de Funès sind weitaus bekannter als die ernsten Philip Roth, Julian Barnes oder Philippe Grimaud.

Aber ist das Verhältnis zum Humor tatsächlich so ungetrübt? In den immer noch umfangreichen Kulturteilen und -sendungen findet sich selten die Rezension humorvoller Werke, praktisch niemals die sachkundige Rezension eines Humorexperten. Wenn humorvolle Kunst im Feuilleton überhaupt wahrgenommen wird, verreißen dort Freunde des epischen Theaters die Bühnenauftritte von Komikern, Liebhaber lettischer Lyrik schlachten gelegentlich ein lustiges

Buch, Anhänger des französischen Autorenkinos vernichten eine Filmkomödie. Nur in seltenen Ausnahmefällen werden humorvolle Künstler mit Preisen oder Ehrungen bedacht. In sechzig Jahren Georg-Büchner-Preis gibt es zwar zahlreiche Geehrte, die mit unfreiwilliger Komik in Erscheinung getreten sind, aber höchstens drei, die bewusst humorvoll zu nennen sind. Unter den fast hundert Nominierten für den Deutschen Buchpreis finden sich in acht Jahren ganze drei humorvolle Bücher, klar, dass keines den Preis gewonnen hat. Und auch der Deutsche Filmpreis ist in den vergangenen dreißig Jahren nur sechsmal an Komödien verliehen worden. Obwohl dieser Preis ausdrücklich auch kommerziellen Erfolg auszeichnen soll, gingen die zwei erfolgreichsten deutschen Nachkriegsfilme (*Otto – Der Film* und *Der Schuh des Manitu*) leer aus. Für *Der Schuh des Manitu* wurde immerhin ein »Sonderpreis der Jury« erfunden, um irgendwie dem Erfolg gerecht zu werden.[1] Und auch wenn das Theaterpublikum in Komödien strömt, sind weniger als fünf Prozent der Stücke, die zum wichtigen »Berliner Theatertreffen« eingeladen werden, absichtsvoll komisch. Die großen Robert Gernhardt, F. W. Bernstein und Max Goldt haben zusammen weniger Preise erhalten, als Martin Walser allein zugesprochen wurden.

---

1 Danach wurde der Sonderpreis auch gleich wieder abgeschafft.

Die Ehrung humorvoller Werke als Kunst scheint fast unmöglich. Wird in den einschlägigen Fragebögen oder Interviews ein Mensch in der Öffentlichkeit gefragt, welchen Film oder welches Buch er in den letzten Wochen denn so gesehen bzw. gelesen habe, wird er praktisch niemals einen komischen Film oder ein lustiges Buch benennen, sondern immer irgendetwas Ernstes, Schwerwiegendes anführen, was umso erstaunlicher ist, als die Verkaufszahlen darauf hindeuten, dass die tatsächlichen Verhältnisse praktisch genau umgekehrt sind.

Der Umgang der Deutschen mit dem Humor erinnert bisweilen an einen Mann mit Ehefrau und Geliebter: Zu offiziellen Anlässen wird er selbstverständlich nur in Begleitung der Ehefrau erscheinen, mit der ihn sowohl ein Ehegelöbnis als auch mehrere Kreditverträge verbinden. Im Privaten vergnügt er sich jedoch umso lieber mit der Geliebten, verbringt jede freie Minute mit ihr und wünscht sich insgeheim, immer mit ihr allein zu sein. Aber weil man sich nicht in der Lage sieht, die gesellschaftlichen Zwänge abzustreifen, bleibt das Verhältnis ein heimliches Laster. Vielleicht trägt deshalb ein Buch von Robert Gernhardt und F. W. Bernstein die Inschrift »Deiner Frau gewidmet«.

Woher kommt diese Gespaltenheit der Gesellschaft in Bezug auf den Humor? Das ist es, was uns interessiert. Wir wollen verstehen, was Humor ist, woher er seinen schlechten Ruf hat und wie es seinem großen

Widerpart, dem Ernst, gelungen ist, als Maßstab aller Dinge aufzutreten, wenn es um die Frage geht, was denn nun echte und was falsche Kunst sei.

Doch was ist Humor? Eine allgemein anerkannte Definition sucht man vergebens. Henri Bergson sagt, Humor ist das, was Lachen hervorbringt[2], aber es gibt Spielarten des Humors wie Zynismus oder Sarkasmus, die keinesfalls ein Lachen hervorbringen müssen, außer bei Menschen, die auch über alles andere lachen.[3] Mittlerweile gibt es eine umfangreiche Forschung zum Thema Lachen bei Tieren. Es zeigt sich, dass Lachen eine Fähigkeit ist, über die viele Wirbeltiere verfügen. In einer Serie berühmter Experimente gelang es kürzlich sogar, Ratten zum Lachen zu bringen.[4] Während bei den Tieren das Lachen jedoch nur durch direkte Stimulation (Kitzeln) hervorgerufen wird, kann der Mensch die gleichen Hirnareale allein durch Gedanken stimulieren bzw. stimulieren lassen – was dann

---

2 Henri Bergson: *Das Lachen – ein Essay über die Bedeutung des Komischen*, Sammlung Luchterhand 1988, Originalausgabe 1940, Paris

3 Waldorf: »Hat dir die Show gefallen?«
Statler: »Ja!«
Waldorf: »Kein Wunder, dir hat auch der Zweite Weltkrieg gefallen.« (*Muppet Show*, 1976)

4 Jaak Panksepp, Jeff Burgdorf: ›*Laughing rats*‹ *and the evolutionary antecedents of human joy?*, Physiology and Behaviour 2003

Humor zu nennen ist. Humor ist zweifelsohne etwas sehr Menschliches, denn auch wenn der Mensch mit den anderen Tierarten Hunger, Durst, Angst, Schmerz, Neugier und sexuelles Verlangen teilt, konnten lediglich bei unseren engsten biologischen Verwandten primitive Formen von Humor nachgewiesen werden. Hingegen sind alle menschlichen Kulturen auch von einer Vielzahl der Spielarten des Humors geprägt.

Marina Davila Ross hat die Evolution des Lachens vom Orang-Utan zum Menschen untersucht und nachgewiesen, dass das Lachen parallel zu der genetischen Evolution des Menschen verläuft.[5] Uns erscheint das sofort plausibel, wir empfinden das Lachen als etwas Naturgegebenes, als das Ausleben eines triebhaften, sehr befriedigenden Verhaltens. Nicht umsonst stehen Humor und Sexualität in einem engen Verhältnis zueinander. Sehr viele Menschen wünschen sich einen Partner, der humorvoll ist. Und wenn man alle Witze, Sketche und humorvollen Kunstwerke vernichten würde, die mehr oder weniger direkt auf Sexualität Bezug nehmen, würde man dem unter die Rubrik Humor fallenden Schaffen zumindest quantitativ einen nahezu vernichtenden Schlag zufügen.

5 Marina Davila Ross, Michael J. Owren, Elke Zimmermann: *Reconstructing the Evolution of Laughter in Great Apes and Humans*, Current Biology 2009

I. Eine kurze Begriffsklärung

Die meisten Menschen verwechseln Humor, Witz, Fröhlichkeit und Spaß.[6] Aus unserer Sicht ist Humor das Übergeordnete, das, worüber hier zu reden ist. Sicher gehört auch der Witz unter das große Dach des Humors, macht aber dort nur eine kleine Teilmenge aus. Es gibt sogar einige Witze, die nicht mehr ganz unter das Dach passen: Ironie, die auf taube Ohren trifft, pointenfreie Witze, die eher ins Gebiet der Langeweile fallen[7] und die noch nicht mal so verdreht sind, dass sie schon wieder Unterschlupf unter dem gütigen Dach des Humors in der sympathisch verkorksten Ecke der unfreiwilligen Komik finden.

Spaß und Humor wiederum gehören zusammen wie Essen und Restaurants. Sicher kann man in ein Restaurant gehen, um gut zu essen. Man kann aber

---

6 Ähnlich hartnäckig werden sonst wohl nur Psychiater, Psychologen und Psychotherapeuten verwechselt.

7 Mitunter schon mit Spuren von Tragik.

auch außerhalb von Restaurants vortreffliche Speisen genießen. Ebenso verhält es sich auch mit dem Spaß. Ein ernstes Essay, eine hervorragend gespielte Tragödie, ein gelungenes Liebesspiel, ein schönes Glas Saft, eine Reise nach Estland – all das kann uns Spaß machen, ohne dass es mit Humor zu tun hat. Es gibt im Übrigen auch den seltenen Humor ohne Spaß, wie man auch im Restaurant ausnahmsweise mal nur ein Glas Wein trinken kann. Verschiedene Formen der Selbstironie und des erwähnten Sarkasmus können weitgehend frei von Spaß, dennoch zweifelsfrei humorvoll sein.[8]

Die Beziehung von Spaß, Fröhlichkeit und Humor ist vergleichbar mit der Beziehung von Restaurants, Kellnern und Essen. In den meisten Restaurants bedient uns ein Kellner, und so haben Spaß und Fröhlichkeit viel miteinander zu tun. Fröhlichkeit kann ein guter Vermittler von Humor sein. So wie ein guter Kellner gekonnt Essen serviert, werden viele delikate Arten des Humors von der Fröhlichkeit serviert, obwohl es eben auch Essen jenseits von livrierten Kellnern gibt, ebenso wie Humor der Fröhlichkeit nicht unbedingt bedarf. Die Pointen schließlich sind die Speisen aus

---

8 »Woher zur Hölle soll ich wissen, warum es Nazis gegeben hat? Ich weiß nicht mal, wie der Dosenöffner funktioniert!« (Woody Allen: *Hannah und ihre Schwestern*, 1986), oder wie Elie Wiesel aus der Hölle Auschwitz berichtet: »He Moishe, iss nicht zu viel! Denk an uns, die wir dich mal tragen müssen.« (*Die Nacht*)

der Küche unseres Restaurants. Häufig passabel, nicht immer köstlich, mitunter ungenießbar.

Im Folgenden wollen wir den Versuch unternehmen, etwas über Humor zu sagen, ohne denselben dabei zu verlieren. Das wäre doch schon mal was.

II. Wo bleibt eigentlich der Humor?[9]

Was dem deutschen Tänzer der Samba, was dem deutschen Koch die Paella, was dem deutschen Musiker der Blues – das ist dem deutschen Schriftsteller der Humor. Ich bin mir sicher, praktisch alle deutschen Tanzliebhaber würden in einer Umfrage angeben, dass sie den Samba lieben, ebenso wie die deutschen Gourmets sich zur Paella bekennen würden und die Musikliebhaber zum Blues. Aber was sie verschweigen, ist, dass sie Freunde des sauberen Sambas sind, des Sambas, der bei den Wettbewerben

9 JH: Zu der Überschrift gehört eine kurze Geschichte, die schon fast alles sagt: Vollkommen unerwartet erhielt ich eine Einladung in einen Weihetempel der Literatur. Verwundert fragte ich den Veranstalter, wie er denn dazu käme, ausgerechnet mich einzuladen, das sei ihm doch in den vergangenen zehn Jahren auch nicht passiert. Ob er nicht wisse, dass ich teilweise Humorvolles schriebe?
»Ja, das weiß ich«, antwortete er. »Aber das macht nichts. Zu der Zeit sind sowieso alle wichtigen Leute auf der Buchmesse in Frankfurt, da können Sie ruhig lesen. Das machen wir jedes Jahr so. Die Reihe heißt: ›Wo bleibt eigentlich der Humor?‹«

lateinamerikanischer Standardtänze in der Aachener Stadthalle zu sehen ist. Nachmittagssamba steril lächelnder Paare in ordentlich gebügelten Kostümen, die nach ihrer Vorstellung gebannt auf die Punktwertung warten und nicht etwa die durch den Tanz entstandene Elektrizität durch ungestüme Liebesspiele im Nebenzimmer entladen. Paella ja, aber bitte nicht mit so vielen Krustentieren und lieber mit dem weißen, jeden Gabeltest bestehenden Langkornreis und nicht mit den kurzen, schleimigen Reiskörnern und, falls möglich, bitte nicht ganz so stark gewürzt. Und Blues, natürlich Blues, aber mit virtuos zelebriertem Gitarrenspiel, gefälligen Arrangements, schluchzenden Bläsersätzen und vielleicht auch mit einem kleinen Hauch von Optimismus. Schön wäre es, wenn man zu dem Song eine langsame Runde tanzen kann.

Niemand in Deutschland wird von sich sagen, dass er keinen Humor mag. Im Gegenteil, man liebt den Humor, er muss nur an der richtigen Stelle sein, zur richtigen Zeit, wenn die Gelegenheit passt, und der Humor muss geistreich und darf nicht verletzend sein. Wenn all diese Voraussetzungen erfüllt sind – dann ist man ein großer Freund des Mutterwitzes, ein couragierter Fürsprecher des Spaßes an der Freud. Es ist nicht schlimm, dass es so ist – ein Meckern wider die Realität ist sicherlich auch kein Zeichen von Humor –, es muss nur konstatiert werden dürfen, dass es so ist. Woher diese Schwierigkeiten der Deutschen mit dem Humor kommen, darüber kann man nur spekulieren. Vielleicht, so könnte man denken, benötigt man für Humor eine gewisse Mindestanzahl von Sonnenstunden, da die äußere Sonne auch die innere Sonne bedingt? Doch wir verwerfen diese These rasch, weil dann Finnen und Briten, was den Humor betrifft, weit abgeschlagen hinter uns liegen müssten. Möglicherweise hängt es damit zusammen, dass unsere spätgeborene Nation inmitten Europas mit ihrem Weltmachtanspruch viele regional verortete Humortraditionen in den deutschen Ländern mit preußischer Gründlichkeit plattgewalzt hat? Sicher kommt als ein weiteres Problem des deutschen Humors dazu, dass man in den 30er-Jahren des letzten Jahrhunderts die besten, die wesentlichsten Protagonisten des nunmehr erblühten deutschen Humors ermordet und verjagt hat.[10] Vielleicht liegt es auch daran, dass die deutsche Nation Adolf Hitler für einen begnadeten Komiker hielt und bis heute auf die Pointe seines groß angelegten Witzes wartet und daher zurzeit nicht lachen kann. (Vorsicht! An dieser Stelle darf nicht gelacht werden.)

Ein junger Schriftsteller schickte uns einmal ein paar seiner Geschichten. Die Texte gefielen außerordentlich, wir luden ihn zum Kaffeetrinken ein. Nach einer kurzen Fachsimpelei über unsere Trinkgewohnheiten – aus einem für uns nicht nachvollziehbaren

10 Genannt seien Billy Wilder, Mike Nichols, Ernst Lubitsch.

Grund schätzte der Kollege Kakaopulver auf seinem Milchkaffeeschaum – fragten wir ihn schließlich, was er später einmal so machen wolle.

»Schriftsteller«, platzte es aus ihm heraus.

»Sind Sie nicht ganz bei Trost?«, wunderten wir uns. »Das ist doch kein Berufsziel. Das ist so, als würde man sich wünschen, vom Blitz getroffen zu werden. Beim richtigen Wetter und der richtigen Körpergröße ist selbiges zwar wahrscheinlicher als ein Lotteriegewinn, aber dennoch nichts, wofür man ein Leben lang über brache Felder laufen sollte.«

»Ich will aber Schriftsteller werden«, sagte er trotzig. Die Zeit, als energisches Stampfen mit den Füßen noch zu seinen täglichen Verhaltensmustern zählte, hatte offensichtlich Spuren hinterlassen.

»Und was für ein Schriftsteller?«, versuchten wir einzulenken. »Ein Sucher und Mahner? Eine zutiefst verletzte Seele, die, ewig scheiternd, dennoch stets aufs Neue gegen die eigene Vergänglichkeit anschreibt?«

»Nein, ein humorvoller Schriftsteller«, strahlte er uns nun an, augenscheinlich unsere Zustimmung heischend.

Im Gegensatz zu dieser Erwartung waren wir ehrlich entsetzt. »Um Himmels willen«, sagten wir zu ihm. »Wovon wollen Sie denn dann leben?«

»Von meinen Büchern?«, versuchte er.

»Vergessen Sie nicht, diesen Witz in Ihrem ersten Buch zu bringen«, empfahlen wir ihm. »Das ist auf jeden Fall ein guter. Die Kollegen werden herzlich lachen. Kein Schriftsteller lebt von seinen Büchern, aber wissen Sie, wovon ein humorvoller Schriftsteller lebt?«

»Nein.«

»So geht es dem humorvollen Schriftsteller auch: Er weiß nicht, wovon er lebt, denn: er lebt von überhaupt nichts«, triumphierten wir. »Sehen Sie, Humor ist in Deutschland verdächtig. Humor ist so etwas wie Sex. Die Engländer machen es gern in dunklen Kammern, jedoch stets korrekt gekleidet. Die Amerikaner machen es gern immer und überall. Die Italiener zelebrieren es, auch wenn es da wenig gibt. Und die Deutschen wollen an der richtigen Stelle zur richtigen Uhrzeit lachen, sie wollen vorher Bescheid gesagt bekommen, und sie wollen dafür richtig gekleidet sein. Deswegen lieben die Deutschen Comedy, Kalauer, Kabarett und Schenkelklopfer. Aber von einem Lachen, auf das sie nicht vorbereitet waren, fühlen sie sich missbraucht. Ja, sie hatten ihren Spaß, aber irgendwie ist es ihnen sofort peinlich.«

»Hören Sie«, fuhren wir fort, den jungen Kollegen zu bearbeiten. »Ein recht erfolgreicher Kollege von uns hat einmal bei einer Eröffnungsveranstaltung für die Buchmesse vor zweitausend Leuten gelesen. Das Publikum hat gelacht, geklatscht und getobt. Nach ihm las ein ernster, älterer Kollege aus dem Ausland mit schwer verständlicher Stimme, und das Publikum beklatschte zum Schluss höflich das wenige, was es davon verstanden hatte. Aber beim Sekt danach waren sich alle Anwesenden einig, dass nur die unverständliche, ernste Lesung vermutlich echte Kunst gewesen war.[11]

Max Goldt hat es einmal so ausgedrückt: »Die humorvollen Schriftsteller kommen in Deutschland nur ins Bistro der Literatur. Sie dürfen draußen an den Stehtischen bleiben, das Essen ist praktisch genauso gut und sie sind beliebt beim Personal, aber ins Restaurant mit den weißen Tischdecken, den livrierten Kellnern und der gedämpften Musik kommen sie niemals herein.«

»Sehen Sie«, wechselten wir in einen versöhnlicheren Tonfall. »Sie wollen doch als Schriftsteller auch von etwas leben. Dazu brauchen Sie Preise und Stipendien. Haben Sie mal nachgesehen, wie viele Preise und Stipendien humorvolle Autoren bekommen? Das Verhältnis ist eins zu zwanzig. Für jeden noch so

---

11 Auf der anderen Seite ist es tatsächlich nicht wirklich schwierig, das Buchmessenpublikum zum Lachen zu bringen. Den ganzen Tag auf intellektuell machen ist offenbar anstrengend. Jede noch so mittelmäßige Kapelle kann diese Leute zum Hopsen bringen, Alkohol spielt immer eine wichtige Rolle. Cocktails finden selbst zum Preis von Hauptgerichten reißenden Absatz, noch besser natürlich Freigetränke. Es gibt diese unglaublich teure Bar, in die am Abend »alle« gehen. Da stehen die Leute an der einen Schlange für schwer überteuerte Getränke an und an der anderen, um für die Getränke zu bezahlen. Tatsächlich stellen die sich alle auch brav an die zweite an, um das Tagessalär einer Kassiererin für einen Gin Tonic zu bezahlen.

wirren Tagebuchband über den Tod Ihres Großon-
kels bekommen Sie mehr Preise als für zehn humorvolle Bücher. Robert Gernhardt haben sie erst dann
Preise gegeben, als er aufhörte, komische Gedichte
zu schreiben. F. W. Bernstein hat weniger Preise als
sein Hausmeister, der bei einem Frankfurter Kleinver-
lag todessehnsüchtige Sonette verlegt. Heinz Erhardt
gilt hierzulande nicht einmal als Schriftsteller! Meine
Güte, wenn Sie in Deutschland einen Literaturpreis
bekommen wollen, dann ist eine SS-Mitgliedschaft
weniger hinderlich als ein humorvolles Buch!«

Erschöpft lehnten wir uns zurück, vermutlich
dampften wir leicht. Für eine Weile schwiegen wir.

»Und was wollen Sie machen?«, fragte er zaghaft.

»Ach, wir sind doch gar keine richtigen Schriftsteller«, krächzten wir, noch immer etwas um Atem
ringend. »Wir werden so weitermachen wie immer.«

»Mit Humor?«, wollte er wissen.

»Ja«, gaben wir zu. »Vermutlich leider mit Humor.
Unserer Meinung nach ist Humor wohl so etwas wie
eine Krankheit, Sie können es uns glauben, wir haben
beide mit diesem Zustand schon lange zu tun. Du fliegst
aus den Klassenräumen, die Mädchen nehmen dich
nicht ernst, die Polizei nimmt dich fest – und trotzdem
kannst du es nicht lassen. Manche werden davon ge-
heilt, andere sterben damit. Aber Ihnen, lieber Kollege,
wünschen wir ein langes und gesundes Leben.«

Unser Kaffee war zur Neige gegangen wie die
Dinge, über die wir sprechen wollten.

Ermattet verabschiedeten wir den jungen Kollegen, der uns noch von den Treppenstufen aus mit besorgtem Gesichtsausdruck ansah.

Kürzlich haben wir wieder von ihm gehört. Er hat eine Erzählung über den Schmerz veröffentlicht. Dieser »Roman« sei ein ganz großer, schreiben die Rezensenten. Wir haben uns sehr für ihn gefreut.[12]

---

12 Vielleicht wird es spätestens an dieser Stelle Zeit, uns einmal vorzustellen. Wir sind die Autoren dieser Zeilen. Zusammengerechnet sind wir seit fast hundert Jahren Fans humorvoller Kunst, seit fast fünfzig Jahren schreiben wir selbst humorvolle Texte und lesen die dann unserem Publikum vor. Sie fragen sich vielleicht: »Warum schreiben die das?« Während des Verfassens haben wir uns das andauernd selbst gefragt: Warum schreiben wir das? Wir können es Ihnen nicht sagen. Aber es hat uns ungeheuren, ingrimmigen Spaß gemacht.

III. Opus agnei

Zwei Fragen: Haben Sie in den letzten Jahren einmal jemanden mit einem höheren Bildungsabschluss ernsthaft schlecht über eine Putzfrau oder einen Hausmeister sprechen hören? Sicher nicht, oder? Respektvoll und freundlich spricht jeder über diese Mitarbeiter und betont den Wert ihrer Arbeit für das Unternehmen. Man spricht von Reinigungspersonal, Raumpflegern, Facility-Managern.

Aber: Haben Sie in der gleichen Zeit davon gehört, dass eine Putzfrau oder ein Hausmeister zu einer wichtigen betrieblichen Entscheidung befragt worden wäre?

Als humorvoller Künstler hast du im Kunstbetrieb automatisch die blauen Arbeitsklamotten an.[13] Klar

---

13 Irgendwo auch lächerlich, dieser Selbstvergleich mit Putzfrauen. Typisch leidender Künstler: Lebt wie die Made im Speck, ohne etwas Richtiges zu tun, und vergleicht sich dabei gern mit Menschen, die um 4.30 Uhr morgens aufstehen müssen, schwere Putzwagen mit Dutzenden Chemikalien durch die Bürohochhäuser schieben, im harten Minutenakkord ihre Hände ins Putzwasser tauchen und dafür von denen, deren

bist auch du ein Angestellter wie jeder andere, wir schreiben das 21. Jahrhundert, und alle Angestellten werden mit Respekt behandelt. Man kann sich auch als »kleiner Angestellter« ausgesprochen beliebt bei Belegschaft und Kunden machen. Es ist klar, dass ohne deine Leistung der Betrieb nicht laufen würde und der betriebliche Erfolg mit auf deinen Schultern ruht. Denn wenn der Strom ausfällt und die Computer nicht laufen, können auch die Schlipsträger ihre Stärken nicht ausspielen, wird dir zu verstehen gegeben. Du bist wichtig! Wenn der ganze Laden verdreckt ist, kommt keine Kundschaft, besonders keine Laufkundschaft. Und wenn du dann in der Kantine dasselbe Essen wie der Vorstand bekommst, dann träumst du dich schon in eine klassenlose Gesellschaft. »Wir sind alle Brüder«, jubelst du innerlich, wenn dir und allen anderen in der Kantine das Leipziger Allerlei[14] serviert wird.

Dreck sie entfernen, mehr wie der Dreck selbst denn als Kollegen behandelt werden.

14 Ist es richtig, hier diesen Begriff zu verwenden? Das Schöne ist die Beliebigkeit, die durch »Allerlei« ausgedrückt wird. Tatsächlich besteht das Zeug meist aus Möhren und Erbsen, Spargel, häufig Butter, aber wir haben darin schon so gut wie alles von Kohlrabi bis Schwarzwurzel und verschiedene scheußliche Kräuter gefunden.
Das Problem ist der Ortsname Leipzig. Schließlich will man ja nicht als DDR-Schriftsteller gelten. Dies gilt insbesondere, da es diesen Staat nicht mehr gibt. Es ist nicht klug, für einen

Aber dann wird plötzlich eine wichtige Versammlung einberufen: eine Besprechung, ein Brainstorming, die jährliche Bilanzkonferenz. Und plötzlich schließen sich die Türen vor deiner Nase. Freundlich, aber bestimmt wird dir klargemacht, dass du hier nichts zu suchen hast. Du kannst weiter putzen oder Bilder an die Wand schrauben, das wäre nett. Man würde dich schon rechtzeitig davon in Kenntnis setzen, was fortan wichtig ist, wobei rechtzeitig in dem Falle »irgendwann hinterher« bedeutet, aber das sei eine Angelegenheit, die mit dir nichts zu tun hat, die mit deiner Arbeit nicht zusammenhängt und für die dein Beitrag nicht gebraucht wird.

Herrn zu schreiben, der abgedankt hat. Wie viele Lyriker werden dem Kopf Ludwig XV. in seinem Korb unter dem Schafott noch Gedichtkränze gewunden haben? Auch gab es nach 1945 sehr wenige bekennende nationalsozialistische Schriftsteller. Andererseits: Würde nicht gerade der souveräne westdeutsche Schriftsteller auch den Begriff »Leipziger Allerlei« ohne Hintergedanken verwenden können, ist es nicht spezifisch ostdeutsch, Angst vor dem Verwenden eines ostdeutschen Städtenamens in einem literarischen Text zu haben? Wäre dann also das spezifisch Ostdeutsche die Vermeidung jeglichen ostdeutschen Themas? Und würde dann nicht die Mehrzahl der Schriftsteller auf der Welt spezifisch ostdeutsch schreiben, zum Beispiel die USA-Literaten, die ja in ihrer Mehrzahl kaum ostdeutsche Themen verhandeln? (Selbstermahnung! Der Begriff »USA-Literaten« könnte tatsächlich direkt dem Neuen Deutschland anno 1970 entnommen sein, sehr spezifisch ostdeutsch!)

Moment!, willst du rufen, ich wurde doch in den letzten Monaten so häufig für meine Arbeit gelobt. Was ist denn mit der Anerkennung dieser Leistung? Ja bitte, wird man dich anlächeln, sicher haben wir dich für deine Arbeit loben können, auch zu Recht. Du hast sehr schön die Klos geputzt und die Kopiermaschinen in Gang gehalten, die Kundschaft war sehr zufrieden, danke schön. Aber das ist doch nicht die richtige Arbeit, das, worum es eigentlich geht. Klar, deine Arbeit ist auch nötig, aber, jetzt mal ehrlich, könnte das nicht auch jeder andere machen? Wir hingegen: wir schuften, wir leiden, wir kämpfen, wir ringen unserem Geist täglich Genie ab. Und wir destillieren diese schwer errungenen Tropfen in wertvolle Flaschen. Das schmeckt selten besonders gut, oft ist es sehr bitter, aber das ist es, worum es in diesem Betrieb doch eigentlich geht. Klar, ein paar Kunden sehen das anders, aber was wissen die denn schon?

Komm! Steck die Hände in deine blauen Arbeitshosen, dreh dich wieder um und geh! Das hier ist nichts für dich.

IV. Was ist Humor?

Die menschliche Existenz ist sinnlos, traurig und traurig sinnlos. Wir werden geboren, um zu sterben, wir streben nach etwas, das, sobald wir es in der Hand haben, uns immer wieder zwischen den Fingern verrinnt, wir leben, um zu verlieren. Viel Mühe verwenden wir darauf, unserem Leben einen Sinn einzuhauchen, und ahnen doch, dass am Ende von uns nicht einmal Staub bleiben wird. Unser Leben ist, wie der Philosoph Thomas Nagel herausgearbeitet hat, vollkommen absurd. In einer Million Jahre wird es keine Rolle spielen, was wir heute tun. Es wird nicht einmal eine Rolle spielen, dass es keine Rolle spielte.[15]

Würden wir uns diesem Aspekt der Wahrheit vollständig zuwenden, könnten wir unseren Geist für einen Moment ganz auf diese Erkenntnis fokussieren – uns bliebe nicht viel, das uns vom Selbstmord abhielte. Die Kunst ist die höchste Form, die Sinnlosigkeit

---

15 Thomas Nagel: *The Absurd*, The Journal of Philosophy 1971

unserer Existenz nicht nur zu verleugnen oder zu bekämpfen, sondern aus diesem Umstand sogar noch Energie zu gewinnen. Nur die Kunst weiß aus der kratzenden Wolle der Realität feine Gewänder zu spinnen. Kunst ist nichts anderes als die Waffe des Schwachen gegen das Starke, der Triumph des Geistes über deterministische Realität.

In einer hierzulande weitverbreiteten Betrachtungsweise wird der humorfreien Kunst die höchste Wichtigkeit eingeräumt, da sie der Ernsthaftigkeit dieses Kampfes besonders gerecht wird. Wir würden hierzu gern einige Gegenpositionen formulieren, um deutlich zu machen, dass auch andere Perspektiven auf humorvolle Kunst möglich sind. Zweifellos gibt es unzählige großartige ernste Kunstwerke, aber ein Buch ist nicht allein deswegen gut, weil es nicht lustig ist. Vielleicht ist der Humor sogar ein besonderer Höhepunkt der Kunst, da er dem Dilemma unserer Existenz ein Quäntchen Heiterkeit abzuringen vermag, während sich ernste Kunst oft mit der Abbildung des Dilemmas begnügt. Den großen Tragödien gelingt es bestenfalls, in unserem leidigen Leben die Momente der Erhabenheit deutlich zu machen, die den Menschen kurzzeitig über das schnöde Weltgewusel hinwegtrösten. Ernste Kunst sucht zu versöhnen, aber in ihren paradiesischen Gefilden weihevoller Wichtigkeit gibt es nichts mehr zu lachen. Der Humor dagegen bleibt immer diesseitig und streitbar.

Wie im Großen ist es auch auf der kleineren Ebene der menschlichen Beziehungen. Auch hier ist Kunst eher Ausdrucksmittel und Freude des Schwachen denn des Starken. Der Starke braucht keine Kunst, um sich ein schönes Feld zu besorgen und dann zu bestellen, um seine Weiber zu erfreuen oder Hunger und Durst zu stillen. Doch wie soll der Schwächere an Nahrung und Frauen kommen, wenn nicht durch die Kraft seines Geistes?

Noch in der Kunst, der ohnehin schon abstrakten Auseinandersetzung mithilfe von Worten, Argumenten, Bildern und Diskussionen, setzt der Humor Mittel der List und des Witzes ein, während der humorlose Ausdruck die Fortsetzung des Dschungelgesetzes im Abstrakten sein kann. Während der Humor die klügste Lösung sucht und überraschende Zusammenhänge herstellt, wird das Humorlose einfach Argumente und Behauptungen wie riesige Mauern anhäufen und sich dahinter mit riesigen Kanonen der Rechthaberei verschanzen. Der Humor ist hingegen nur bewaffnet mit Stecknadeln und Federn. Auf diese Schwäche reagiert er typischerweise damit, dass er sie hervorhebt, in der Hoffnung, dass es gegen die Ehre seiner Gegner verstoßen könne, wenn sie den Humor an genau diesen Stellen treffen würden; dass es die Ehre der Gegner gebieten würde, sich eine andere Stelle zu suchen, um den Humor zu treffen. Unglücklicherweise können die Gegner des Humors diese komplizierten Überlegungen nicht nachvollziehen und schlagen gnadenlos auf ebenjene Stellen. So werden humorvolle Argumentationen verworfen, weil sie »lächerlich« sind oder weil »sogar Kinder darüber lachen«.

Humor ist die Konfliktlösung des Schwachen. Humor wird es gegeben haben, seit Menschen in Gemeinschaften organisiert sind. Kann der körperlich Stärkere den Konflikt erfolgreich durch Gewalt lösen, muss der Konflikt für den Schwächeren in den Gemeinschaften der Frühzeit Lebensgefahr bedeutet haben. Selbst kleinere Verletzungen wie Armbrüche oder Blutergüsse konnten damals zum Tode führen, aber auch das direkte Töten des Konfliktgegners war nicht gesellschaftlich sanktioniert und führte gegebenenfalls gar zu einer weiteren Nahrungsquelle für die Gemeinschaft. So standen den Schwächeren nur die Waffen des Humors zur Verfügung, die neben der Auflösung des Konflikts im Scherz auch noch das Parodieren und Verächtlichmachen des Gegners beinhalteten. Letztere Mittel durften allerdings nur hinter dem Rücken des Gegners angewandt werden, da sie sonst möglicherweise doch zu Gewalt führen konnten. Mutmaßlich wurde Humor auch von erfolglosen Jägern dazu eingesetzt, durch Unterhaltung die Erfolgreicheren ihrer Gruppe dazu zu bewegen, die Beute zu teilen.

Erkennbar ist somit Humor die Wurzel der Intelligenz, der Sieg des Intellekts über die rohen Kräfte der Natur und insofern auch – im Gegensatz zu

Engels' Thesen von der Arbeit[16] – die eigentliche Wiege der Menschwerdung. Denn die verschiedensten Tierarten, selbst Insekten, können organisiert zusammenarbeiten, aber nur den Menschen gelingt es, entstehende Konflikte ohne den Tod oder die Vertreibung eines der Gemeinschaftsmitglieder zu beenden. Da sich die tatsächlich Schwachen notwendigerweise immer in der Unterzahl gegenüber dem Starken befinden müssen (denn eine Mehrzahl von Schwachen wird wieder zu einem Starken[17]), wird also der Humor – in treffender Weise auch Witz genannt, in ebendem Sinne, wie er heute im Wort »vorwitzig« noch gebräuchlich ist – immer häufiger von den meisten Menschen eingesetzt und führt zur Entwicklung neuer, gewaltfreier Formen der Kommunikation. Es ist hervorzuheben, wie die rasante Entwicklung der Intelligenz nach jahrtausendelanger Unterdrückung der Schwächeren schließlich dazu geführt hat, dass heute die körperlich Stärksten in den Arenen der Neuzeit ihre Kräfte zur Belustigung der Mehrheit vorführen.

---

16 »Ein kluger Mann namens Engels / der sagte den Mädels und Bengels: / Du mußt was tun, Du mußt was schaffen / Denn erst durch die Arbeit erhob sich der Mensch über den Affen.« Peter Hacks, DDR-Lesebuch, ca. Klasse 2

17 Einfügen könnte man hier: »Siehe Nationalsozialismus – ein großer Haufen geistiger Armut revoltiert erfolgreich gegen Klugheit, Witz und Wahrheit.« Aber Referenzen zum Nationalsozialismus sind immer problematisch, zu drastisch, zu plakativ, zu oft gebraucht.

Im psychologischen Sinne ist hier die Bewältigung eines archetypischen Urbilds der Arenen der Frühzeit zu vermuten, in denen die Schwächeren vorgeführt und schließlich getötet wurden.[18]

Humor ist die bewusste Hinwendung des Geistes zu den Fesseln der Realität. Ist etwas tabuisiert, wird es im Witz wie eine Selbstverständlichkeit behandelt, ist etwas todtraurig, wird es in der sarkastischen Eloge als wunderschön besungen, und ist etwas selbstverständlich, wird es als große Besonderheit behandelt werden. Pferde sprechen mit Kaninchen, Helmut Kohl und Adolf Hitler treffen sich im Himmel, Therapeuten liegen auf ihren Patientinnen.

Das Ganze beruht auf einer komplexen geistigen Leistung, denn der Humor bezieht sich auf ebendas Referenzsystem, das er gezielt verletzt. Darum gehört

18 Frage an uns selbst: Zitate überprüfen oder ungeprüft im Text stehen lassen? Es ist doch gut möglich, dass C. G. Jung das so gesehen hat. Einerseits wirkt es seriöser, wenn die Personen selbst tatsächlich so etwas gesagt haben, aber bei Personen mit ausreichend voluminösen Werken findet man ja immer irgendeine Stelle, die in etwa das stützt, was man ohnehin behaupten wollte. Andererseits bietet die Nicht-Prüfung zwei Vorteile: Erstens Einfachheit, zweitens können Klugmeier das ganze Buch durcharbeiten und inhaltliche Fehler darin finden, mit etwas Glück daraus einen Pseudo-Skandal basteln und dann die Verkaufszahlen in die Höhe treiben. Wichtig: Vor allem verstorbene oder sehr alte Größen bei dieser Art von Zitaten verwenden, die können dem Zitat nicht mehr selbst widersprechen.

das Verstehen von fremdsprachigen Witzen auch zu den höchsten Stufen des Verständnisses einer anderen Sprache, ähnlich wie die Kenntnis von Pflanzen oder Tierarten.[19] Denn den meisten Malaysiern wird sich die Bedeutung eines Ostfriesenwitzes nicht erschließen, so wie sich den wenigsten Deutschen die Bedeutung malaysischer Witze über die Menschen aus Singapur erschließen wird. Witze, die damit beginnen, dass ein Känguru eine Bar betritt, werden wahrscheinlich bei australischen Ureinwohnern völlig anders verstanden werden als von amerikanischen Großstadtbewohnern.

Gleichzeitig gibt es ein bedeutendes Problem des Humors: Man kann ihn nicht erklären! Womöglich ist der Humor der dialektische Widerpart dessen, was sich erklären lässt, jener anderen, fast universalen menschlichen Eigenschaft. Menschen aller Zeiten, aller Kulturkreise und aller geistigen Horizonte hat immer eines verbunden: Sie versuchten die Welt um sich herum vollständig zu erklären. Obwohl alle Wissenschaft, natur- und geisteswissenschaftlich, alle Kunst und alle Geschichte, ja letztendlich sogar in der Regel die persönliche Erfahrung immer wieder unwiderlegbar bewiesen haben, dass die Welt nicht umfänglich erklärbar ist, hat sich der Mensch niemals davon beirren lassen. Zwar wurden und werden

---

19 Die Rede ist hier nicht von Rose und Hund, sondern von Kranich und Maiglöckchen.

Hilfskonstrukte wie Götter, über den Himmel laufende Schildkröten oder ultrageheime Weltverschwörungen hilfsweise herangezogen, aber dennoch können die Menschen nicht davon lassen, die Welt immer wieder neu zu erklären. Der große Kurt Vonnegut hat das in einem Gedicht meisterhaft auf den Punkt gebracht:

Der Vogel muss fliegen
der Tiger muss jagen
Der Mensch muss:
»Warum nur, warum?« sich fragen

Der Tiger kann schlafen
der Vogel kann landen
Der Mensch kann sich sagen,
er hat alles verstanden.[20]

Solche Erklärungen sind das Korsett, das uns hilft, aufrecht durch unser kurzes Leben in dieser merkwürdigen Welt voller Ungereimtheiten, Missverständnisse und Schrecklichkeiten zu gehen. Der Humor aber zeigt auf die Risse in diesem Korsett, die kleinen Löcher und Undichtigkeiten, die uns das Atmen erlauben, wo das Korsett aus Erklärungen uns die Luft

---

20 *Cat's cradle*, Holt, Rinehart, Winston 1963; Übersetzung des Gedichts: die Autoren (also nicht der Autor Vonnegut, sondern die Autoren von dem Text hier, den Sie gerade lesen)

abschnürt. Nicht von ungefähr ist das Lachen in physiologischer Hinsicht vor allem eine besondere Art des Atmens.

Der Philosoph Simon Critchley spricht sogar von Humor als der »schwarzen Sonne im Zentrum des komischen Universums«[21], dem Moment, in dem wir wahrnehmen, was für eine Unwahrscheinlichkeit der Mensch im Universum eigentlich darstellt. Der Humor verstellt uns den Weg auf die Hoffnung, dass wir unsere Körper *sind*, weil wir permanent über die Tatsache stolpern, dass wir unsere Körper *haben*, und stößt uns somit vom Thron des Überirdischen in den Schlamm, den man Erde nennt.

Auch deswegen lässt sich Humor nicht erklären, so wie man Spontaneität nicht erzwingen und Kriminalität nicht verbieten kann.[22] Das Pferd spricht nun einmal, sonst würde der Witz nicht funktionieren. Wer jemals die leidvolle Erfahrung gemacht hat, Humor erklären zu müssen, wird das unausweichliche Ergebnis solcher Erklärungsversuche kennen: Am Ende aller Erklärungen ist kaum etwas erhellt, aber der Witz ist dahin. Viel schöner erklärte es 1941 E. B. White:

21 Simon Critchley: *On humour*, Routledge 2002

22 Denn Kriminalität ist ja gerade als das Überschreiten der Grenzen des Verbots definiert. Dennoch lässt sich Kriminalität sanktionieren. Ebenso sind natürlich die Autoren dieser Zeilen der Meinung, dass sich Humor wiewohl nicht erklären, dennoch begreifen lässt.

»Humor kann ebenso wie ein Frosch seziert werden, aber die Sache stirbt dabei und die Innereien sind für alle enttäuschend außer für die rein wissenschaftlich Interessierten.«[23]

André Breton, der im Vorwort seiner 1939 erstmals erschienenen »Anthologie des schwarzen Humors« die grundsätzliche Undefinierbarkeit des Humors konstatierte, wagte dann dennoch in Anlehnung an den Autor Léon Pierre-Quint die These, der Humor sei »… ein Mittel […], jenseits der unumschränkten Revolte der Jugend und der inneren Revolte des Erwachsenen eine höhere Revolte des Geistes zu gewährleisten«. So bedeutet Humor weit mehr, als nur die gesellschaftlichen Gegebenheiten auf den Kopf zu stellen. Es gehört etwas dazu, das früher im Deutschen »Witz« hieß, bevor dieses Wort praktisch ausschließlich als Einzahl des Wortes Witze verwendet wurde und zur deutschen Entsprechung des englischen joke wurde. Nein, der Witz, von dem hier die Rede ist und von dem auch in Freuds *Der Witz und seine Beziehung zum Unbewussten*[24] die Rede war, ist ein Wort, das keine Mehrzahl kennt, dieser Witz ist die deutsche Entsprechung des französischen ésprit, etwas Unbeschreibbares, das mit Leichtigkeit und

---

23 E. B. White: *Some remarks on humor*, Vorwort zu *A Subtreasury of American Humor*, Coward-McCann 1941

24 Deuticke 1905

auch Spaß zu tun hat. Vermutlich kommen daher die zahlreichen Verwechslungen der Begriffe Humor, Spaß und Witz.

Humor ist also im Gegensatz zum Ernst immer eine geistige Leistung, auch wenn leider allzu oft erschreckend wenig Geist dafür aufgebracht wird. Mit Humor verständigt man sich mit seinem Gegenüber über das gegenseitige Bezugssystem[25] und macht ihm das Angebot des Miteinander-Lachens. Ein überaus soziales, freundliches Angebot. Umso weniger will man den minderwertigen Ruf verstehen, den der Humor überall hat. Bei aller Bitterkeit der Werke von Menschen wie Laurence Sterne, Jean Paul, W. C. Fields oder Karen Duve ist doch noch nie von einem komischen Menschen bedeutende Gewalt ausgegangen. Der schreckliche Österreicher, der blutrünstige Georgier oder der skrupellose Kambodschaner – sie alle waren Menschen, die absolute Humorlosigkeit auszeichnete. Erstaunlich daher, dass immer noch der Ernst als die überlegene Ausdrucksform wahrgenommen wird.

---

25 Das kann primitiv sein: »Alle Frauen sind doof« (Stammtisch) oder komplex: »Nach Demokrit gab es keine wichtigen Philosophen mehr« (Philosophenkongress) oder für Laien unverständlich:
»Treffen sich zwei Funktionen auf einem engen Weg und kommen nicht aneinander vorbei. Sagt die eine: ›Aus dem Weg, sonst leite ich dich ab!‹
Sagt die andere: ›Geht nicht, ich bin eine e-Funktion!‹«
(Mathematikermensa)

V. Ist das dein Ernst, oder soll das ein Witz sein?

Bei näherer Beschäftigung mit dem Phänomen fragt man sich irgendwann, wo eigentlich das Problem mit dem Humor liegt. Lachen macht Spaß, Lachen kann sich befreiend anfühlen, ja sogar gesund soll es laut einem deutschen Sprichwort sein. Kaum jemand leugnet einen engen Zusammenhang zwischen Lachen und dem es verursachenden Humor. Doch auch wenn ein jeder gern lacht, wie auch ein jeder gern bestätigt, gibt es einen grundsätzlichen Widerwillen gegen den Humor. Die Wurzeln dieser Ablehnung reichen tatsächlich zurück bis zu Plato.[26] Der ernsthafte Gesellschaftsarchitekt lehnte das Lachen ab, weil er es wie viele Humorverächter nur in der Art des Auslachens kannte und solches (zu Recht) als frevelhaft verachtete. Während Demokrit, der »lachende Philosoph«, es noch als besonders erstrebenswert erachtete, wenn die Seele in den heiteren und gelassenen

---

26 Ausführlich erläutert in: Manfred Geier: *Worüber kluge Menschen lachen – Kleine Philosophie des Humors*

Zustand der *euthymia* kommt, hielt Plato für die Seele die Vorherrschaft des Vernünftigen für erstrebenswert.

Auch das Christentum zählt die Negation des Humors zu seinen Kernkompetenzen. Denn wenn Gott die Menschen nach seinem Ebenbild geschaffen hat[27], dann muss der gottgefällige Mensch auch vollkommen sein oder zumindest danach streben. Das Beharren des Narren auf der Unvollkommenheit der Existenz wird daher als etwas Teuflisches gesehen, wobei tatsächlich der Teufel höchstselbst als Quelle aller Narrheit gilt und mithin als geistiger Vater sowohl der »natürlichen« wie auch der »künstlichen« Narren, sodass Geisteskrankheit und Humor eine Gleichsetzung erfahren. Damit war zwar einerseits die bekannte »Narrenfreiheit« verbunden, andererseits ist hier auch die Grundlage für das Absprechen von Ernsthaftigkeit des Humors zu finden. Die Ablehnung von Humor geht dabei immer wieder von falschen Annahmen aus, die sich bis heute hartnäckiger als Quecke in einem Beet in der Humorwahrnehmung halten.[28]

---

27 Genesis 1,27

28 Der Gartenfreund wird wissen, von welcher Hartnäckigkeit wir sprechen. Quecke vermehrt sich noch aus kleinen Wurzelresten, die man beim Jäten im Boden zurückgelassen hat, bildet dann Netzwerke unter dem Beet und taucht plötzlich an einer vollkommen unerwarteten Stelle wieder auf. So ist der

Die erste falsche Annahme ist die Gleichsetzung von Humor mit Lächerlichmachen, dem Auslachen. Tatsächlich ist das eine Form von Humor, wenn auch ihre bei Weitem Schwächste, das zutreffende Synonym hierfür ist wohl Spott. Der Spötter macht sich über jemanden lustig und erhöht damit sich und die Lacher über das Objekt seines Scherzes. Ein typisches Beispiel hierfür sind rassistische und sexistische Witze. Obwohl dies die niederste, die ärgerlichste Art von Humor ist, ist sie doch unausrottbar. Denn der Lachende erhält durch solche Witze die verlockende Einladung, zumindest für die Dauer seines Lachens der Stärkere, der Macht Ausübende zu sein. Da die meisten Menschen in der Realität ihre Grenzen und Schwächen erleben, ist diese Versuchung der Macht nahezu unwiderstehlich. Als schwacher Trost bleibt dem Gebildeten nur, dass sich der Spötter selbst mit solchen Witzen als schlechter Mensch offenbart und sich der Humor insofern auf subtile Art gegen ihn selbst richtet. So oder so: Gäbe es nur diese Art von Humor, man müsste Platos Generalablehnung des Humors zustimmen. Indes hat er das Kind mit dem Bade ausgeschüttet.

Vergleich besonders zutreffend, denn auch die Ablehnung des Humors findet man plötzlich in voller Blüte an unerwarteter Stelle wieder, wenn man gerade dachte, dass sich das Thema erledigt hätte, endlich ein vernünftiges Verständnis erzielt worden wäre. Quecke – das große Vorbild allen anderen Unkrauts.

Schon die lediglich etwas andere Spielart des Humors, das Sich-selbst-Auslachen, hat diese Schwächen nicht: Es ist das Lachen über das Starke. Hier macht sich der Witzerzähler zum Sprachrohr der Schwachen und zeigt die Schwächen des Starken auf. Auch kann sich der Lachende über das Objekt der Lächerlichkeit erheben, jedoch als Schwacher, im Bewusstsein eigener Grenzen. Das Lachen über das Starke schafft zudem etwas, das der englische Philosoph Shaftesbury die »Probe der Lächerlichkeit« (test of ridicule) genannt hat.[29] Seine Idee war, dass eine veritable Wahrheit sich dadurch auszeichnet, in jedem Licht wahr zu sein, und insofern auch die Untersuchung im Licht ihrer eigenen Verspottung unbeschadet überlebt (ebenso wie sie die Untersuchung im Licht des Bösen, des Wohlwollenden, des Traurigen usw. überleben sollte).

Genau hier entspringt auch die rigorose Ablehnung des Humors durch alles, das auch nur mit einem Hauch von Dogma oder Ideologie versehen ist. Denn diese Denkvorschriften leben geradezu davon, dass sie keinerlei Tests unterzogen werden. Insbesondere im Licht der Lächerlichkeit sehen sie so dürftig und wenig wahr aus, wie sie es tatsächlich sind. Der erste Tag, an dem ideologische Systeme jeglicher Couleur echten Humor zulassen, ist der Tag, an dem sie zu existieren aufhören. Deswegen gab es in den deutschen

29 Shaftesbury: *Ein Brief über den Enthusiasmus*

Diktaturen Humorvorschriften. Die Herrscher hatten die Vorstellung, das Volk solle ein wenig Dampf ablassen, Heiterkeit finden können, aber keinesfalls sollte das Licht der Lächerlichkeit auf die ideologischen Grundpfeiler scheinen. Man könnte Shaftesburys Probe der Lächerlichkeit gewissermaßen noch eine Probe des Ernstes zur Seite stellen: Ein System, das nur den Ernst als Betrachtungsweise zulässt, ist mit Sicherheit lächerlich.

Die zweite Form des Humors ist es, die Widersprüchlichkeit des Lebens vorzuführen. Die Widersprüchlichkeit des Lebens gibt es in den verschiedensten Formen. Einerseits gilt nicht für die Herren, was für die Knechte gilt, was zwischen Ehemann und Ehefrau üblich ist, ist zwischen Ehemann und Sekretärin vielleicht unzulässig, der Begriff Hahn beschreibt ein Lebewesen und einen Gegenstand usw. usf. In Witzen über die Widersprüchlichkeit des Lebens decken wir diese lachend auf, stellen sie aber auch infrage. Auch Slapstick bezieht seine Kraft aus dieser Quelle. Wenn würdige, in Anzug gewandete Herren eine Torte ins Gesicht bekommen, ist das oft lustiger, als wenn dies einem schon vorher unablässig lachenden und hupenden Clown passiert.

Schließlich gibt es den Humor zur Verminderung von Spannungen. Nichts kann eine steife Atmosphäre so gut lockern wie ein gelungener Witz über ebenjene Steifheit. »Ich weiß, dass ihr da seid, ich höre euch atmen«, lässt Woody Allen den Narren zu seinem

Publikum sagen.[30] Es ist erkennbar, dass Humor sehr viel mehr sein kann als Lächerlichmachen, dass abei auch das Lächerlichmachen eine moralisch einwandfreie Form des Humors sein kann. Anderes meint im Grunde genommen nur, wer sich nicht mit der gebotenen Ernsthaftigkeit mit dem Thema beschäftigt. Aber während nie jemandem der Gedanke kommen würde, dem Urteil eines mit Analphabetismus gestraften Literaturkritikers zu folgen, gilt dieser Grundsatz für die Rezeption von Humor leider nicht. Noch der Humorloseste, ja manchmal will es einem scheinen: gerade der Humorloseste fühlt sich berufen, Humor zu bewerten. Wie dieses Urteil ausfällt, ist wohl nicht schwer zu erraten: Schließlich wird der Analphabet kaum den Reiz eines großen Romans entdecken können.

30 Aus: *Was Sie schon immer über Sex wissen wollten, aber bisher nicht zu fragen wagten*, 1972

VI. Ernst und Ernsthaftigkeit

Ein Großteil des Unbehagens gegen den Humor in Deutschland beruht auf einer Verwechslung. Humor wird zumindest in Deutschland häufig als Gegenteil von Ernsthaftigkeit missverstanden. Das ist ein Problem. Humor und Ernsthaftigkeit haben ebenso viel miteinander zu tun wie Salz und Nahrung. Natürlich gibt es Ernsthaftigkeit ohne Humor und Humor ohne Ernsthaftigkeit, aber so wie pures Salz und die meisten ungesalzenen Speisen nicht besonders schmackhaft sind, bestehen oft die vielfältigeren und gelungeneren Dinge aus dem Zusammenspiel von Humor und Ernsthaftigkeit.

Womöglich hängt das Problem auch mit den lateinischen Wurzeln der Worte für Ernst und Ernsthaftigkeit zusammen. Seriosität bedeutet sowohl Ernsthaftigkeit als auch Ernst. Aber während der leicht schwingende Klang des Wortes Seriosität nicht notwendigerweise Humor ausschließt, deutet das verkrampfte Ernst bereits auf seine Wurzeln hin. Dieses deutsche Wort hat eine althochdeutsche Wurzel (*ernust*) mit Kampfeseifer und bedeutet eigentlich »Festigkeit«. Festigkeit im Kampf und Festigkeit im Willensentschluss. Beim Wort »Ernst« deutet nichts mehr auf Humor hin.

Ernst wird als Antonym von Spaß gebraucht, aber Ernst ist ebenso wenig mit Ernsthaftigkeit gleichzusetzen, wie man dies für Spaß und Humor tun kann. Zwar gibt es Humor, dem es an Ernsthaftigkeit mangelt. Ebenso gibt es ernsthafte Werke, die auch formal vom Ernst geprägt sind. Und doch gibt es bedeutende Unterschiede, bezeichnen die verschiedenen Worte auch verschiedene Dinge.

Dem Humor Charlie Chaplins beispielsweise die Ernsthaftigkeit abzusprechen, wäre vollkommen absurd.[31] Dieser Mann arbeitete jahrzehntelang mit großer Präzision, Fleiß und Bedacht an einem künstlerischen Gesamtkonzept, um seine Ausdrucksmöglichkeiten zu vervollkommnen. Er hatte eine klare

---

31 Hatten hier zunächst den hoch geschätzten Helge Schneider als Beispiel, dann aber einen Rückzieher gemacht. Es gibt ja immer noch Leute, die von ihm nur zwei Lieder (eigentlich eines) kennen und daraus Rückschlüsse auf sein Gesamtwerk ziehen. Solche Kurzschlüsse gibt es wirklich auch nur auf dem Gebiet des Humors, so wie sich Leute vier Minuten lang die Simpsons ansehen und dann die Meinung vertreten, das sei geistlos. Jeden Künstler könnte man sich so schlechtmachen: ein paar schwache Werbefilme eines wichtigen Regisseurs, ein paar Talkshow-Auftritte von Schauspielern, frühe Arbeiten wichtiger Maler, Toiletten bedeutender Architekten, lahme Auftragstexte großartiger Schriftsteller.

politische Haltung, der er in seinen Kunstwerken deutlichen Ausdruck verlieh. Seine Filme erzählen zumeist sehr traurige Geschichten von hungernden, armen und einsamen Menschen. Chaplins Filme sind also ebenso zweifellos Meilensteine humorvoller Kunst, wie sie ernst sind.[32]

Die Gleichsetzung von Ernst und Ernsthaftigkeit ist eine fatale Fehlwahrnehmung. Der schlimmste Schund und Quatsch kann unter das Bildungsvolk geworfen werden, solange er auf jegliches Augenzwinkern verzichtet. Stets mit großem Getöse fährt die Dampfwalze des Ernstes in der Landschaft des Geistes umher, keiner wagt es, sich ihr in den Weg zu stellen, und auf der von ihr geglätteten Straße fahren nicht selten Dummheit, Borniertheit und Belanglosigkeit hinterher. Der übermäßig ernste Künstler darf uns allen per Tagebucheintrag mitteilen, was er vor zwölf Jahren zu Mittag gegessen hat, und wird dafür gelehrtes Interesse von kunstverständigen Fachleuten ernten.[33] Niemand, der zu rufen wagt: »Der Kaiser

---

32 Gleichzeitig wird niemand behaupten wollen, dass die mit großem Ernst vorgetragenen Äußerungen von Fußballern nach Spielen auf satisfaktionsfähige Weise ernsthaft sind. »Das Problem ist, dass ich immer selbstkritisch bin, auch mir selbst gegenüber.«(aus dem Werk von Andreas Möller)

33 Die wunderbaren Thomas-Mann-Tagebücher: »Am Nachmittag masturbiert, dann zwei Seconal in Wasser aufgelöst. Große Ruhe empfunden.«

ist ja nackt!«, wenn kleine Haufen Polyester-Hunde-scheiße in internationalen Kunstausstellungen gezeigt werden. Würde der dazugehörige Künstler auch nur andeuten, dass man seinem Werk die kleinstmögliche Menge an Humor entgegenbringen dürfte – alles wäre dahin. Stattdessen liegen jedem Werk Erklärungen in Telefonbuchstärke bei, die dem Betrachter erklären, was er hier sehen und wahrnehmen darf.

VII. Das kann doch wohl nicht dein Ernst sein?

An dieser Stelle wird es wohl notwendig, sich mal ernsthaft mit dem Ernst auseinanderzusetzen[34] und jenen wahren Antipoden des Humors[35] etwas genauer

---

34 »Aus Spaß wurde Ernst, und Ernst lernt jetzt laufen.« Wilhelm Bendow, circa 1930

35 Es sollte nicht so feindselig wie Gegner oder Widersacher klingen; Antipode klingt ein wenig wie centipede, jenes freundliche Wort für den Tausendfüßer, außerdem kommt die Silbe Po darin vor, die an sich lustig ist. Denn bloß weil es zwei Gegensätze gibt, müssen sich diese nicht feindselig gegenüberstehen. Zum Beispiel kann man wunderbar Wasser predigen und Wein trinken oder gleichzeitig fröhlich sein und traurig. Nichts gegen den Ernst an sich! Das ist so wie bei vegetarischer Ernährung, die vollkommen, ausgewogen und vielseitig sein kann. Aber wenn man vegetarisches Essen so versteht, dass man von einer deutschen Hauptmahlzeit die tierischen Bestandteile entfernt und sich nun dreinschicken soll, trockene Kartoffeln mit weich gekochtem Blumenkohl zu essen, dann wird das Unternehmen zu einem freudlosen Selbstzweck.
Ernst ist in Ordnung, aber nur als gewähltes Mittel zum gewollten Zweck und nicht als Waffe gegen Humor.

zu betrachten. Das Leben, machen wir uns nichts vor, ist ernst. Unter Schmerzen, früher sogar nicht selten auf Kosten des Lebens der eigenen Mutter, kommen wir hilflos zur Welt, brauchen lange Zeit, um diese Hilflosigkeit zumindest teilweise abzulegen, leben traurig bedeutungslose Existenzen und haben die einzige Sicherheit, dass am Ende der Tod steht. Dabei haben wir Menschen es noch gut, die Mehrheit von uns muss nicht fürchten, von Raubtieren angefallen und aufgefressen oder von größeren und schwereren Tierarten zertrampelt zu werden. Das Leben in seiner rein biologischen Form besteht aus Überleben und Vermehrung, und beides ist für die Mehrzahl der Arten auf der Erde ein ständiger Kampf, bitterer Ernst.

Ein unernster Umgang mit den Dingen der Welt setzt immer voraus, dass wir uns unserer Existenz als ein Individuum unter vielen anderen Mitmenschen bewusst sind. Auch wenn wir in unseren Urteilen noch so irren mögen, nur unser Wissen um die Kondition unseres Seins erlaubt es uns Menschen, diese Ordnung mitunter spielerisch infrage zu stellen. Dass ein Männchen ein Weibchen zu begatten wünscht, ist, entgegen aller Herrenwitze, die nichts anderes als ebendieses zum Thema haben, noch lange keine gelungene Pointe. Was die Männchen und Weibchen aber so alles anstellen, um ebendiesen Wunsch zu verbrämen, das kann sehr humorvolle Hervorbringungen zur Folge haben. Manche Gattungen in der Tierwelt lösen das

Problem mit hoch komplizierten Paarungsritualen, die uns Menschen durchaus komisch erscheinen mögen, aber man kann wetten, dass die Beteiligten das nicht so sehen. Vielmehr geht es ihnen wohl eher so wie dem schüchternen Tanzkursteilnehmer, der sich auf Anordnung des strengen Kursleiters urplötzlich in den Armen der Angebeteten wiederfindet. Ein Glücksfall, von dem er nie zu hoffen gewagt hätte, dass dieser ihm je widerfährt, und nun ist er bei jedem Schritt mit bangen Beinen darauf bedacht, bloß keinen dummen Fehler zu machen.

So gibt es unzählige Arten für Tiere, ernst auszusehen, das Ehrfurcht gebietende Kreisen des Adlers, die versteinerten Mienen der Leguane, das zielgerichtete Schwimmen der Forellen gegen den Strom. Zwar haben die Menschen den Tieren immer wieder alle möglichen Eigenschaften zugeschrieben: Dankbarkeit, Freude, Angst, Erleichterung und vieles andere mehr. Und, wie schon erwähnt, konnten zahlreiche Tierarten schon zum Lachen gekitzelt werden. Aber lediglich bei Schimpansen konnten Forscher mögliche Vorformen von Humor beobachten. Alles in allem ist der Humor eine zutiefst menschliche Eigenschaft und somit, wenn man es mal rein naturwissenschaftlich betrachtet, eine höhere Entwicklungsstufe des Denkens, als es der Ernst sein dürfte.

Es gibt verschiedene Formen des Ernstes, jener Festigkeit des Geistes. Da der Ernst nach nichts anderem als sich selbst verlangt, ist er am häufigsten beschreibend. Im Gegensatz zum Humor, für den das Finden eines dialektischen Gegensatzes Notwendigkeit ist, genügt der Ernst sich selbst. Am häufigsten sind daher wohl seine rein deskriptiven Formen. Dabei kann die Beschreibung selbst kritisch, analytisch, episch oder auch ästhetisch sein. Des Weiteren gibt es Formen des Ernstes, in denen das Subjekt offen Partei ergreift oder in denen das Objekt des Ernstes würdig gelobt wird. Dem gegenüber steht die pejorative Form des Ernstes, die beliebte Herabwürdigung des Objektes (das seinerseits nicht selten humorvoll ist). Schließlich gibt es noch die kommemorative Form des Ernstes, in der an das Objekt erinnert wird.

Erkennbar ist, dass der Ernst in der Regel erhaltend, beschreibend, konservativ ist. Das hat nichts mit dem politischen Standpunkt zu tun, denn gerade auch Reden auf Demonstrationen, Aufrufe zur Revolution sind fast immer bitterernst. Der Ernst bietet für Publikum und Redner die größtmögliche Sicherheit. Ein humorloser Redner wird vielleicht langweilig sein, mit Sicherheit aber den Standpunkt klar vertreten, nicht die erhoffte Würde der Veranstaltung stören. Eine gänzlich ernste Opernaufführung wird den Zuschauer nicht vor das Problem stellen, sich Gedanken zur Oper zu machen, die er sich nicht auch ohne das Ansehen der Inszenierung hätte machen können. So bietet der Ernst in seiner geistigen Festigkeit die Sicherheit des Vorhersehbaren, während der Humor notwendigerweise auf Überraschung baut. Nichts ist schlimmer als ein Witz, dessen Pointe man schon vorhersagen kann, aber nichts ist angenehmer als eine Rede, deren wesentliche Schlüsse man schon kennt und während deren man daher getrost einschlafen kann.

Bei öffentlichen Veranstaltungen geht es zweifellos häufig um Würde, sei es nun eine Preisverleihung, eine Opernaufführung oder eine Beerdigung. Und – das muss man ihm lassen – der Ernst ist eine der sichersten Fahrkarten zur Würde, keine hundertprozentige Garantie, aber im Gegensatz zum Humor doch eine sehr sichere Option. In seiner Schrift *Anmut und Würde* beschreibt Schiller 1793 die Würde folgendermaßen: »Beherrschung der Triebe durch die moralische Kraft ist Geistesfreiheit, und Würde heißt ihr Ausdruck in der Erscheinung.« Und die einfachste Art, »die Beherrschung der Triebe durch moralische Kraft« zum Ausdruck zu bringen, ist die Beherrschung durch den Ernst. Der Humor hingegen muss zumindest spielerisch immer auch mit dem Gegenteil dieser Beherrschung umgehen. Er stellt insofern vielleicht eine ernsthaftere Art[36] der Würde dar[37], jedoch lauert dabei stets die akute Gefahr des Misslingens und damit

---

36 Und, man möchte sagen: eine etwas mutigere Art. Denn schließlich ist es immer leichter, einen Kampf ohne Gegner zu gewinnen, als sich der offenen Auseinandersetzung zu stellen.

37 Und kommt eher der Kant'schen Auffassung von Würde als »menschlichem Gestaltungsauftrag für Individuum und Gesellschaft« nah.

des Störens der Würde. Und mit der Würde verhält es sich wie mit einem filigran gefertigten Gefäß: ist es einmal zerstört, bekommt man es nie wieder richtig zusammen. Auch deswegen hat sich der Ernst diesen herausragenden, schwerwiegenden Platz in der Kulturlandschaft erobert.

Warum der Ernst dem Humor antagonistisch gegenüberstehen muss, beschreibt Thomas Nagel in *Das Absurde*:

Philosophischer Skeptizismus bringt uns nicht dazu, unsere normalen Überzeugungen aufzugeben, er verleiht ihnen nur einen eigentümlichen Geschmack. Nachdem wir anerkannt haben, dass deren Wahrheit nicht zu den Möglichkeiten passt, für deren Nichtzutreffen wir keine Grundlagen haben – außer den Grundlagen in ebenden Überzeugungen, die wir infrage stellten –, kehren wir zu unseren gewöhnlichen Überzeugungen mit einer gewissen Ironie und Resignation zurück. Da wir die natürlichen Auswirkungen, auf denen sie beruhen, nicht verwerfen können, akzeptieren wir sie erneut, wie einen Partner, der mit jemand anders davongelaufen ist und sich nun entschieden hat zurückzukehren; aber wir sehen sie jetzt mit anderen Augen (nicht dass die neue Einstellung der alten unterlegen wäre, in beiden Fällen).

Die gleiche Situation entsteht, wenn wir den Ernst infrage gestellt haben, mit dem wir das Leben und die Menschheit betrachtet haben und uns selbst ohne Vorannahmen prüfen. Wir kehren dann zum Leben zurück, wie wir es müssen, aber unser Ernst ist mit Ironie befleckt. Nicht dass uns diese Ironie helfen würde, dem Absurden zu entkommen.[38]

Während also der Humor ewig das Absurde im Ernst des Lebens sucht und beständig wiederfindet, darf der Ernst niemals wahrhaftig den Humor in sich zulassen, weil es auf dieser Straße keine Umkehr gäbe. Wie schon in der *Göttlichen Komödie* beschrieben, gibt es dann keinen Weg zurück, sondern nur den Weg hindurch.

38 Thomas Nagel: *The Absurd*, s. o., Übersetzung: die Autoren

VIII. Traktat zur Lage des deutschen Humors

Mit Wolfram von Eschenbachs Versroman *Parzival* und den Liedern Oswald von Wolkensteins finden sich schon im 13. und 14. Jahrhundert Beispiele für deutschen Humor. Weite Verbreitung und daher größere Bedeutung erlangte der Humor in Deutschland doch am ehesten in den derben Singspielen und Jahrmarktsvorführungen des späten Mittelalters. Diese unterscheiden sich zwar in ihrer Form und Sprache, jedoch inhaltlich kaum von den Scherzen der Frühzeit. Immer noch geht es um Menschen, die getreten oder denen von wilden Tieren Gliedmaßen abgerissen werden. Neu ist nur die Einführung des Deutschen als Sprache für diese Vorführungen. Das ermöglichte es den Künstlern, mit der immer gleichen Aufführung von Stadt zu Stadt zu ziehen und so den kargen Lohn wenigstens mit dem geringsten Aufwand zu verdienen. Namentlich sind diese Kunstwerke kaum bekannt, bis auf ein paar zufällig überlieferte Singspiele von Hans Sachs. Schon seit Mitte des 16. Jahrhunderts waren es aber zumeist englische, holländische

und französische Wanderschauspieltruppen, die mit
Vorführungen nach klassischen (griechischen und rö-
mischen) Vorlagen, aber auch schon mit freien Bear-
beitungen bekannter Stücke von Shakespeare oder
Molière durch die deutschen Fürstentümer zogen und
in bunter Mischung von Deklamation, Artistik und
Klamauk das Jahrmarktspublikum belustigten. At-
traktion war dabei die fürs Derbe und fürs Scherzen
zuständige Figur eines Clowns, im Deutschen »Hanswurst« oder auch »Pickelhäring« genannt, der die
sich entfaltende Handlung oft improvisierend kom-
mentierte und begleitete. Diese Figur wurde wegen
ihres Erfolgs beim Publikum so dominant, dass sie
das sich langsam etablierende Theater und Schauspiel
für lange Zeit prägen sollte. Rudolph Genée spricht
in seiner Geschichte der *Lehr- und Wanderjahre des
Deutschen Schauspiels*[39] von einer ganzen Epoche der
»Herrschaft des Pickelhärigen«. Eine frühe komödiantische Kunst, von der, weil sie größtenteils impro-
visiert wurde, kaum Zeugnisse überliefert sind und
bei deren Erläuterung sich Genée über die »ganze
Niedrigkeit« der Figur ereifert. Eine zur Unkenntlichkeit entstellte Travestie des durchaus mitunter
auch geistvollen Narren, der als eine das Spiel erläu-
ternde und spiegelnde Figur in den zum Vorbild ge-
nommenen englischen und italienischen Stücken

39 Verlag A. Hofmann 1882

vorzufinden war, ein rüder Bauerntölpel habe sich da herausgebildet.[40]

Seit der Wende durch Gutenbergs Buchdruckerkunst, als nicht mehr jedes Buch einzeln von frommen Mönchen abgeschrieben werden musste, entstehen auch erzählende Werke, die nun nicht mehr allein der religiösen Erbauung ihrer Leser dienen. Und der Humor spielt dabei schon bald die vorzügliche Rolle. Volksnahe, derbe Schwänke zumeist, und nicht wenige der damals noch vornehmlich Bibel lesenden Zeitgenossen werden darin den Schund und Schmutz ihrer Epoche gesehen haben. Die oft grob gestickte Narrenliteratur, begründet von Sebastian Brants *Narrenschiff*, findet schnell ihre Verbreitung und Fortsetzung, etwa in Johann Beers *Narrenspital*. Dieses, nennen wir es einmal Genre bringt so einiges an bis heute noch allgemein bekannten, witzig satirischen Figuren wie Till Eulenspiegel oder die Schildbürger des *Lalebuchs*[41] hervor. Johann Fischart türmt in Werken wie der *Affentheurlich Naupengeheurliche Geschichtklitterung* babylonische Wörterungetüme in kaum mehr lesbarer, schwindelerregender Höhe

---

40 Was für eine schnöde Retourkutsche, war es doch der Hanswurst, der sich ursprünglich verächtlich über die klassischen Stoffe lustig gemacht hatte.

41 *Das Lalebuch. Wunderseltsame, abenteuerliche, unerhörte und bisher unbeschriebene Geschichten und Taten der Lalen zu Laleburg*, 1597

und Breite auf. Es gibt sie schon, diese durchaus eigene literarische Humortradition der Deutschen, aber selbst Grimmelshausen mit seinem *Simplicissimus* und der ebenso fulminanten *Erzbetrügerin und Landzerstörerin Courasche* wurde in literaturgeschichtlichem Zusammenhang lange Zeit ignoriert. Erst die spätere Wiederentdeckung sicherte Grimmelshausen schließlich doch noch einen Platz im Kanon der erinnernswerten Autoren. Man stelle sich einmal vor, die Spanier hätten einen Cervantes, die Franzosen einen Rabelais, die Italiener einen Boccaccio dergestalt stiefmütterlich behandelt.

Spätestens im ausgehenden 18. Jahrhundert bildet sich nun eine, wohl in Deutschland einzigartige Unterscheidung heraus. Das lesende bürgerliche Publikum wird zahlreicher, die Buchdrucker sind viel beschäftigte Menschen, aber eine erzählende Literatur ist keine Kunst, mit der ein deutscher Provinzfürstenhof sich prächtig schmücken könnte. Dem Verfassen von Geschichten in ungebundener Sprache haftet nach kurzer Blüte der Makel einer niederen, wenn nicht gar umstürzlerische Tendenzen befördernden Kunst an, mitunter werden Bücher sogar verboten. So blieben Wieland oder Jean Paul beachtete, sogar erfolgreiche Schriftsteller, die aber, betrachtet man ihre spätere literaturgeschichtliche Kanonisierung, letztendlich nur im Schatten des Glanzes der Oden- und Dramen-Dichter ihr vermeintlich kunstloseres Schreibhandwerk verrichteten, ganz abgesehen von den oft üblen

Streitigkeiten, die jene Autoren so eifrig von Buch zu Buch miteinander ausfochten. Mit dem Erscheinen der viel beachteten Grimm'schen Märchensammlungen schließlich mag sich der Verdacht, dass das Erzählen von Geschichten in ungebundener Sprache allenfalls eine »Volkskunst« sein kann, weiter verfestigt haben.

Das deutsche Theaterwesen hingegen, welches seine niedere Herkunft als Jahrmarktsattraktion vagabundierender Compagnien überwunden hatte und nun den jeweiligen, mehr oder weniger kunstsinnigen Fürstenhöfen angegliedert war, wurde gefördert und gehätschelt. Das zarte Pflänzchen der schon im Barock aufgekeimten deutschen Komödie erblühte in der Zeit der Aufklärung, flackerte in den Parodien des Sturm und Drang noch einmal auf, verkümmerte dann aber im Schatten der nun gefeierten großen Dramen. Ein Ort, wo sich der Gedanke über die Niederungen der Lebensrealität erhebt und in elegisch besungene olympische Sphären verflüchtigen mag. Selbst einer der größten Erzähler deutscher Sprache, Theodor Fontane, brachte ein halbes Jahrhundert später seine jungen Jahre damit zu, diesem Dichterideal gerecht zu werden. Auch wenn ihm, wie er in seinen Erinnerungen schreibt, den verlangten »Hohen Ton« zu treffen nur selten gegeben war.

In der Klassik kommt es zum nationalen Niedergang des gerade erst aufkeimenden literarischen Humors. Das den Zeitläufen entrückte olympische Ideal wird zur Richtschnur. Man inszeniert die Erhabenheit von Gestus und Gefühl. Der Kunstgenuss als ein mit gehöriger Bildung ausgepolsterter Bypass findet zurück ins schon fast verloren geglaubte Paradies vormaliger naiver Gottesgläubigkeit. Das Theater zelebriert (im Rückgriff auf die wiederentdeckte antike Tradition) die säkulare Messe, ein Hochamt, die geschundenen Seelen des Publikums in elysische Felder zu entführen, um sie dann mit Wahrheit und Weisheit zu salben und zu erheben.

Scherz, Humor und Satire werden im Lichte der Klassik als überwundene plebejische Volksbelustigung betrachtet, keinesfalls geeignet, den kunstsinnigen Geist mit dem nötigen Manna zu erquicken, geschweige denn das ungebildete Publikum moralisch zu erheben und ans Licht zu führen. Als Zeuge dieses verfeinerten Zeitgeists sei François-René de Chateaubriand angeführt, der in seinen *Erinnerungen an Italien, England und Amerika* die »Ausschweifungen« und »Rohheit« der Dichtung Shakespeares kritisiert und sich besorgt zeigt um deren Wirkung auf das Publikum: »Wer die Hässlichkeit liebt, ist ziemlich nahe daran, das Laster zu lieben, und wer gefühllos für die Schönheit ist, kann die Tugend leicht verkennen. Schlechter Geschmack und Laster gehen fast immer Hand in Hand.« Und Chateaubriand fragt sich, ob »ein Volk, das Meisterstücke in allen Gattungen besitzt, sich der [englischen] Liebe zum Ungeheuren hingeben kann, ohne seine Sitten in Gefahr zu bringen«.

Solch hehre Ziele fordern auch in Weimar ihre Opfer: Johannes Falks (1768–1826) mitunter skandalträchtiges Wirken, wie das als Puppenspiel aufgeführte Stück *Die Prinzessin mit dem Schweinerüssel*, das die Theaterheroen des Zentrums des damaligen deutschen Geisteslebens auf die Schippe nahm und sofort Aufführungsverbot erhielt, ist den meisten unserer Literaturgeschichten nicht einmal mehr eine Fußnote wert. Und obwohl der große Freiherr selbst in seiner Jugend dem Humor nicht abhold war, änderte Goethe seine diesbezügliche Meinung in späteren Jahren radikal. Seine 91 *Regeln für Schauspieler* scheinen einzig dazu geschrieben, seinen weimarischen Akteuren jede noch so kleine komödiantische Regung auszutreiben.[42]

So bleibt uns aus jenen Weimarer Tagen als seltene Ausnahme Heinrich von Kleists Lustspiel *Der zerbrochene Krug*, zu dessen verunglückter Erstaufführung Goethes mit zunehmendem Lebensalter anscheinend völlig verschwundenes Humorverständnis bei der von ihm vorgenommenen Einrichtung des Stückes für die Weimarer Bühne nicht wenig beigetragen haben dürfte. Die Komödie, wiewohl Autoren und Theaterschaffende wie Iffland sich in ebendiesem Genre weiterhin weitlich mühten, war als bloßes »Lustspiel«

---

42 Auch für das Publikum hatte er klare Vorschriften. »Man lache nicht!«, rief er ihm aus seiner Loge bei einer Uraufführung von Schlegels *Alarcos* zu.

mit den Makel der minderwertigen Kunstform behaftet. Auch anlässlich zweier um 1830 geschriebener Stücke, Büchners *Leonce und Lena* und Grabbes die olympischen Ideale verballhornendes Schaustück *Scherz, Satire, Ironie und tiefere Bedeutung*, hätte sich im deutschen Theater-Parkett vielleicht wieder ein Lachen regen können. Auffällig nur, dass eben diese beiden heute kanonisierten Werke erst mehr als ein halbes Jahrhundert nach ihrer Niederschrift uraufgeführt wurden.

In der Zeit werden zahlreiche unfreiwillig komische Schriften verfasst, nach übereinstimmender Auffassung der maßgeblichen Humorwissenschaftler dürfen solche jedoch nicht zum humoristischen Kanon gezählt werden. Dennoch sind einige Zeugnisse humorvollen Schreibens überliefert. Vornehmlich versuchen die Autoren in diesen Texten unter dem Deckmantel des Humors andere Absichten zu verstecken, beispielsweise den Wunsch, intime Kontakte mit einer unpassenden Partnerin (sei es durch zu große verwandtschaftliche Nähe oder zu große gesellschaftliche Entfernung) zu knüpfen, oder sie verfolgen die Absicht, ihre eigene Intelligenz zu leugnen. Spätestens hier ist die erste Ebene des Überbaus im deutschen Humor erreicht: Diente doch diese Wesenseigenschaft zunächst zur Konstituierung der Intelligenz, wird sie jetzt bereits zu deren Negation eingesetzt.

Die kurze Blüte der Vormärzliteratur, wo nicht wenige Autoren sich auch verstärkt satirischer und humoristischer Formen in allen Spielarten bedienten, endet abrupt mit der Niederschlagung der Revolution von 1848 und der Etablierung eines in Europa wohl unübertroffenen Zensurapparats mit einer eilfertigen Beamtenschaft, deren Mitgliedern jede Äußerung wider die Obrigkeit, auch und gerade, wenn sie unverstanden bleibt, suspekt ist. Massenhafte innere und äußere Emigration ist die Folge. Und die Rezeption des großen Heinrich Heine wurde wohl nicht nur wegen seiner jüdischen Herkunft, sondern ganz bestimmt auch durch seine Satiren und Polemiken getrübt. In seiner Geburtsstadt Düsseldorf war es erst 125 Jahre nach seinem Tod möglich, ihm zu Ehren ein Denkmal zu errichten, obwohl doch Heine mit Sicherheit das Bedeutendste ist, was diese Stadt hervorgebracht hat.

So findet sich der Humor auf den deutschen Bühnen des 19. Jahrhunderts meist nur im Verborgenen. Das gesungene Stabreimgestammel Wagner'scher Opernheroen böte jedem Zuhörer so manchen Anlass zu ausgelassener Heiterkeit, wenn er sich denn trauen würde, dieses, vom Autor wohl unbeabsichtigte Pointengewitter unvoreingenommen zu würdigen. Aber an idealisierten Figuren Wagner'scher/Goethe'scher Prägung perlt jede Komik ab. Und falls dem nicht so wäre, die Aura olympischer Seelenqual eines solchen Helden auf der Bühne verflöge mit dem ersten unernsten Bonmot aus seinem Munde. Es fehlt den nachfolgenden Generationen deutscher Dichter an anerkannten komischen Vorbildern, wie sie die

Franzosen in Molière oder die Briten mit Shakespeare besaßen.

Das internationale Vorurteil, dass der Deutsche über keinen Humor verfüge[43], liegt wohl nicht zuletzt in dieser Zeit der beginnenden allgemeinen Verklärung nationaler Geistesgröße, kultureller Überlegenheit und militärischer Machtbedeutung begründet. Und doch entwickelt sich mit dem rapiden Anstieg des Pressewesens auch hierzulande eine Humorlandschaft, die abseits der Welt der etablierten und staatlich sanktionierten Hochkultur ihre ersten, vornehmlich unpolitischen Blüten trieb. *Gartenlaube*, *Fliegende Blätter*, *Kladderadatsch* – mit der wachsenden Verbreitung von unterhaltenden, nach ausländischem Vorbild geformten Publikumszeitschriften entsteht ein Markt für populäre kulturelle Erzeugnisse, und als einer der ersten großen deutschen Humoristen wird der Dichter, Maler und Zeichner Wilhelm Busch bekannt und beliebt. Doch Buschs Ehrenplatz in fast jedem deutschen Bücherschrank bedeutet noch lange keine Aufnahme in den Kanon der nationalen Literatur. Die ist einzig den ernsten Dichtern vorbehalten, vorzugsweise denen, die sich im Theater mit ihren dramatischen Stoffen hervortun. Um als Lyriker zu Ansehen zu kommen, hätte Wilhelm Busch besser zeittypische Oden und Hymnen verfasst. *Tobias*

---

43 »A German joke is no laughing matter« (Ein deutscher Witz ist nichts zum Lachen), Mark Twain zugeschrieben

Knopp oder *Die fromme Helene* taugen nicht dazu, als deutscher Großdichter anerkannt zu werden.

Trotzdem eroberte sich die komische Kunst einen immer breiteren Raum. Eine wachsende bürgerliche Schicht mit dem Bedürfnis nach Unterhaltung bevölkerte die abseits der großen Theater entstehenden kleinen Bühnen, und nicht alles, was da gezeigt wurde, konnte man weiterhin als rohe Volksbelustigung ignorieren. Nestroys Possen hatten im humoraffinen Klima der Stadt Wien schon in den 1830er-Jahren Triumphe feiern können. Feydeaus rasantes Unterhaltungstheater verzauberte zu Ende des Jahrhunderts Paris. Das Volk lachte über die regional verorteten und oft dialektgefärbten Schwänke, und der biedere Bürger, seiner Stehkragensteifheit mitunter überdrüssig, wünschte nun auch mitlachen zu dürfen, wenn nicht zur Erbauung, dann eben zur Entspannung.

Waren Opern lustig, hieß man sie nun Operetten, wenn die Literaten plötzlich mit Grotesken und Humoresken daherkamen, nannte man das Feuilleton.[44] Die »hohe« Kunst grenzte sich durch ein fast vollständiges Ignorieren dieser vermeintlich »niederen« Formen ab von all den allerorten hervorsprießenden populären Unterhaltungskünsten. Und mit dem Kino, den

---

44 Franz.: »Blättchen«. Gelungene Ironie, dass ausgerechnet die Erben dieser Tradition so entschiedene Gegner lebender komischer Kunstschaffender wurden.

bewegten Bildern, kam bald ein neues Medium hinzu, das, so erkennen anfänglich nur die wenigsten, auch mehr sein könnte als die zunächst üblichen, wenige Minuten langen Slapstickroutinen, wie man sie von den Clownerien auf den Bühnen der Jahrmarktsbuden und Tingeltangel-Theater schon zur Genüge kannte. Eine zweite, mal bürgerliche, mal proletarische Populärkultur jenseits der staatlichen und höfischen Institutionen war auf dem fruchtbaren Boden eines stetig wachsenden Publikumszuspruchs in den Nischen der rasant wachsenden Städte gekeimt, und nun drängten diese seltsamen Künste auf die Bühnen der Boulevards. Und doch sollte es noch ein gutes halbes Jahrhundert dauern, bevor sich eine ernsthafte Kritik damit, und auch dann – zumindest in deutschen Landen – noch immer oft eher widerwillig, befassen würde.

1914 zog der Deutsche mit seinem Kaiser in den Krieg, und der um die Jahrhundertwende auch in der Metropole Berlin aufgeblühte literarische Humor wurde zusammen mit Hunderttausenden Menschen brutal geschlachtet. Die Ausgaben des *Simplicissimus* aus den Jahren 1914 ff. lassen keinen Zweifel daran, dass jedes Lachen nun hinter den nationalen Interessen zurückzustehen hatte. Jeder Anflug von Ironie galt im Kriegsfall traditionell als Verrat an Nation und Herrscherhaus, um nicht zu sagen: als »Hochverrat«.

Seinen erneuten Aufschwung erlebt der deutsche Humor erst wieder nach dem Ersten Weltkrieg. Der

Kaiser (Wilhelm II.) ist ein wenig begabter Krüppel, der Krieg endet im Desaster, die Sozialdemokraten schießen auf die Kommunisten, die sich von ihnen erst ein paar Wochen zuvor abgetrennt hatten, und kurz darauf folgt die Weltwirtschaftskrise. Beste Voraussetzungen also für eine Blütezeit des Humors. Chansons, Couplets, kecke Reime und Witze von Künstlern wie Otto Reutter[45], Karl Valentin, Liesl Karlstadt, Mascha Kaléko, Kurt Tucholsky und vielen anderen mehr werden in großer Zahl verbreitet und goutiert. Das Volk strömt in die Kabaretts, Klubs und Tingeltangel im ganzen Land. Nicht nur das, in dieser Zeit darf der Humor erstmals ernst genommen werden, auch weil plötzlich ernst zu nehmende Künstler sich damit befassen. Mit dem Zusammenbruch der alten Ordnung scheint auch das während des Kaiserreichs so monumental gezimmerte Gebäude der deutschen Kultur erschüttert. Kein Kaiser mehr, der öffentlich verlautbart hätte, dass ihm »die ganze Richtung nicht passe«. Oder verdanken wir die gnädige Aufnahme der Feuilletonisten Erich Kästner, Kurt Tucholsky, Alfred Polgar, Karl Kraus und Franz Hessel in den deutschsprachigen Literaten-Olymp nur der Tatsache, dass eine bruchlose Fortschreibung eines deutschen Kulturkanons durch die Nazizeit unmöglich gemacht wurde und die unsere Hochkultur kanonisierende

---

45 Eigentlich Otto Pfützenreuter

Kritikerzunft nach der Erfahrung des Faschismus in der Rückschau auf ein nun schon halb vergangenes Jahrhundert geneigter war, auch andere, dem Humor gemäßere und gewogenere Maßstäbe anzulegen? Literaturnobelpreise haben trotz alledem ganz andere bekommen. Der von seinen Anhängern ob seiner feinen Ironie geschätzte Thomas Mann, der seine Humorbegabung aber hinter seinem großbürgerlichen Habitus fast bis zur kompletten Unkenntlichkeit verbarg, wurde 1929 so geehrt und Hermann Hesse 1946. Hesse, einer der vehementesten Kritiker einer ins Feuilletonistische »herabgesunkenen« Literatur, dessen ganzes künstlerisches und vielleicht auch menschliches Dilemma auf grundsolider deutscher Humorlosigkeit beruht. So zumindest hat es Kurt Tucholsky in der Weltbühne schon anlässlich einer Würdigung des Dichters zum 50. Geburtstag konstatiert. »Humor ist ein Element, das dem deutschen Menschen abhandengekommen ist«, schreibt Tucholsky im selben Beitrag resigniert.[46] Und das ausgerechnet mitten in jenem Jahrzehnt, welches in der Rückschau als die fruchtbarste Blütezeit des geschriebenen Humors hierzulande gelten dürfte.

In den Jahren von 1933 bis 1945 wurde die ironische Weltbetrachtung als den »Volkskörper zersetzend« entlarvt, und die vermeintlich nichtarische

46 Ignaz Wrobel: *Der Deutsche Mensch*, Die Weltbühne, 30.08.1927, Nr. 35, S. 332

Herkunft fast aller ihrer schreibenden Exponen-
ten wird propagandistisch ausgeschlachtet. Auf den
31. Januar 1933 kann der zweite nationale Knock-
Out für den deutschen Humor datiert werden. Die
meisten Darsteller und Autoren deutschsprachigen
Humors finden sich bald in Gefängnis, Exil oder Kon-
zentrationslager wieder. Die von Goebbels vorrangig
geförderten UFA-Komödien im Kino spielen in einer
heilen, oft märchenhaft anmutenden Welt, die den
Realitäten des Alltags im Dritten Reich auf wunder-
samste Weise entrückt sind. Sie versuchen eine sterile
Heiterkeit zu vermitteln, sind aber gänzlich humorfrei.
Auf den Straßen im Lande bestimmen die Fahnen und
Parolen der neuen Ordnung das Bild, und nur hinter
vorgehaltener Hand flüstern die mutigeren Mitbürger
sich ein verbotenes Witzwort zu.

Im *Völkischen Beobachter* erörterte Joseph Goebbels 1939 selbst in *Haben wir eigentlich noch Humor?*
ausführlich die Parteilinie zum Thema: »in der Frage
des sogenannten politischen Witzes, der alles andere,
nur nicht witzig ist«, seien »eine Reihe von Maßnah-
men zu treffen«. Denn solch ein Humor ist natürlich
»jüdisch« in seiner Art und daher zu bekämpfen.
Goebbels wünscht sich »jene Art von Humor, wie sie
seit ewigen Zeiten in den breiten Massen des Volkes
gepflegt wurde, ein Humor, der gutmütig, anständig
und sauber ist und, wenn nötig, auch derb und zu-
greifend sein kann«. Das deutsche Volk hätte Humor, aber mit Grundsätzen: »es handelt nach einem

klaren, dem preußischen Kommiß entlehnten Grundsatz, nach dem immer nur der das Recht hat, zu spotten, zu meckern, oder auch mal zu schimpfen, der mitmarschiert.« So versuchten die Nazis Humor in engen Grenzen zu erlauben, wie in allen Diktaturen wurden sie aber wegen der subversiven Energie des Ganzen nie richtig warm damit.[47]

Die besten der damals reichlich entstandenen Witze und Satiren wurden erst nach dem Ende des Gröfaz[48] einem großen Publikum bekannt, bzw. versuchte der »Feindsender« BBC, sie dem deutschen Volk bekannt zu machen. Uwe Naumann hat umfassend und vergnüglich über satirische Faschismuskritik zwischen 1933 und 1945 geschrieben.[49] Was die rotzfreche »Volksjenossin« Frau Wernicke[50] oder der treudoofe Nazi Adolf Hirnschal an seine »Teure Amalia, vielgeliebtes Weib!«[51] über den ständig nahenden

---

47 Ausführlich bei Gudrun Pausewang: *Erlaubter Humor im Nationalsozialismus (1933–1945)*, Pieterlen 2007

48 Größter Führer aller Zeiten

49 Uwe Naumann: *Zwischen Tränen und Gelächter. Satirische Faschismuskritik 1933 bis 1945*, Köln 1983

50 Bruno Adler (Autor), Uwe Naumann (Hrsg.): *Frau Wernicke: Kommentare einer ›Volksjenossin‹*, Frankfurt a. M. 1990

51 Robert Lucas: *Teure Amalia, vielgeliebtes Weib! Die Briefe des Gefreiten Adolf Hirnschal an seine Frau in Zwieselsdorf*, Reinbek 1984

Endsieg mitzuteilen hatten, ist heute leider kaum noch bekannt.

Zwar wurde gleich nach dem Ende des Zweiten Weltkriegs im Rahmen einer nationalen Kraftanstrengung um ein erneutes Aufleben des deutschen Humors gerungen, jedoch war dieser Humor unspontan und atmosphärisch sowohl von der Nazidiktatur als auch von der politisch aufgeladenen Atmosphäre des Kalten Kriegs geprägt. Die völkische Ausbildung steckte allen Medien-Mitarbeitern noch deutlich im Blut: Sportreportagen klingen wie Kriegsberichterstattung, Nachrichten werden aus Radiolautsprechern gebellt, und auch gelacht wird vornehmlich im Gleichschritt. Der geordnete Aufbau der beiden Deutschlands sollte nicht durch das anarchische Element ungehemmten Humors behindert werden. Selbst Erich Kästner zeigte sich nach 1945 resigniert und wollte seine Kraft nun vornehmlich der Umerziehung der verblendeten Jugend widmen. Die ehedem vor zur Schau gestellter Lebenslust überschäumende Franziska von Reventlow empfand die geistig beengte Atmosphäre in den ersten Nachkriegsjahren als derart bedrückend, dass sie den dringenden Wunsch nach Auswanderung äußerte.

Humor wird in beiden Teilen des Landes als notwendiges Übel einer bürgerlichen Kultur gesehen und dementsprechend behandelt. Während in Westdeutschland der planmäßige Aufbau eines wertkonservativen deutschen Humors voranschreitet, dessen Anleihen aus den ererbten dicken Prachtbänden von

Sammlungen des »Deutschen Humors« aus der Kaiserzeit unübersehbar sind, wird der Humor in Ostdeutschland ideologisch angepasst. Reine Komik ist in Letzterem nur noch als Auslaufmodell gestattet, im Mittelpunkt steht das harmlose Kabarett, dessen sogenannte Pointen nach gründlicher Kontrolle durch die Zensurbehörden dazu geeignet scheinen, »die Arbeitsmoral der Werktätigen zu verbessern und durch konstruktive Kritik den weiteren Aufbau des Sozialismus zu befördern« (Oberzensor Joachim Herrmann[52]). Unter dem programmatischen Titel *Lachen will gelernt sein*[53] klärt z. B. der Autor seine Leser auf, wie es um den rechten Humor in der DDR beschaffen sei. Dieser diene, so das SED-Programm, das er am Ende seines Büchleins resümierend zitiert, »durch offene Kritik dem Kampf gegen die Überreste der kapitalistischen Vergangenheit im Denken und in den Lebensgewohnheiten der Werktätigen, gegen rückständige Auffassungen, Erscheinungen des Individualismus, des Egoismus und des Aberglaubens«. Es darf also auch hinter der Berliner Mauer in deren Grenzen herzlich gelacht werden.

52 Frei erfunden, könnte etwa so stimmen, und meine absolute Verachtung für diese Person möchte ich nicht durch das Studium seiner Werke zur Findung eines gewiss vorhandenen Originalzitats für diese Stelle durchbrechen.

53 Peter Nelken: *Lachen will gelernt sein: Ein ziemlich ernsthaftes Buch über Humor u. Satire*, Berlin 1964

Das harmlose Kabarett des Westens (Insulaner, Stachelschweine), das sich an vorderster Front des Kalten Krieges im geteilten Berlin besonderer Beliebtheit erfreut, glänzt vornehmlich darin, den Kapitalismus bestätigende Witze gegen die sozialistischen Systemgegner (»Jenosse Funzionär«) jenseits des sich schließenden Eisernen Vorhangs auf die Bühne zu bringen. Zwar findet keine offizielle Zensur statt, aber mit dieser Art von Spitzbartpointen für die RIAS-Hörer kann man sich exponierter medialer Präsenz, stetiger Honorareinnahmen und schöner Gastspiele in der Bonner Republik sicher sein.

Eine wichtige Ausnahme dieser Zeit stellt vor allem Heinz Erhardt dar, dessen subversives und dichterisches Potenzial aber aufgrund seines kleinbürgerlichen, den allgemeinen Wertvorstellungen der 50er-Jahre angepassten, harmlosen Äußeren nicht wahrgenommen wird. Ein deutscher Dichter tollpatscht sich nicht durchs Kintopp. Daneben sollten hier Heinrich Bölls leider oft recht hölzerne Humoresken nicht unerwähnt bleiben und Wolfgang Hildesheimers Erzählungen, die auflagenträchtigen *Lieblosen Legenden* mit einem Ausrufezeichen versehen.

Der Osten Deutschlands verbleibt bis Ende der 80er-Jahre in seinem humoristischen Dornröschenschlaf. Komiker werden biologisch abgebaut und nicht nachgezüchtet. In einem Land unendlicher Planstellen, angestellter Kraftfahrer, Diplom-Meliorateure, institutionalisierter Studios für Dokumentarfilme, kurz: einem Land, in dem jede Tätigkeit zu einem Beruf stilisiert wird, wird der Beruf des Komikers abgeschafft. Allenfalls entsetzlich banale Schwänke werden im Fernsehen gezeigt, in denen Schwiegersöhne aus Kleiderschränken quellen wie sonst nur der Kali aus Sondershausen. Die Ausstrahlung der Filme des dänischen Klamauk-Imports *Die Olsenbande* stellen für eine unter drastischem Humorentzug leidende Jugend seltene Höhepunkte in ihrem kärglichen Fernseherleben dar.

Nach dem Aufstand vom 17. Juni 1953 sah sich die SED gezwungen, als Ventil für die Bevölkerung auch Humor zu erlauben. Aber der ostdeutsche Humor ist in der Rückschau meistenteils unfreiwillig komisch zu nennen (Fremdschämen). Nicht selten erfüllt er den Tatbestand einer »Nötigung zur Heiterkeit«, so wenn wild grimassierende Akteure in Frauenkleider steigen und Schwiegermutterwitze zum Besten geben. Auch der Humor in der ostdeutschen Literatur bewegt sich innerhalb dieses engen und dunklen Korridors. Gelegentlich wagt man, im allein dafür heiß begehrten *Eulenspiegel* oder in den stets ausverkauften Kabarettvorstellungen mit so bezeichnenden Titeln wie *Hurra, Humor ist eingeplant* von *Distel*, *Herkuleskeule* oder *Akademixern*, kecke Anmerkungen zu Schwierigkeiten bei der Produktion von Ersatzteilen oder Handwerkerterminen, häufiger vollzieht man den Rückzug ins Private. Richtig zuzuschlagen wagt man sich nur bei der westdeutschen

Politik der Wiederbewaffnung, der Kontinuität von Nazikarrieren, der Arbeitslosigkeit usw.

Im Grunde sind die ersten Jahrzehnte der Nachkriegszeit durch ein unfreiwilliges kabarettistisches Austauschprogramm gekennzeichnet: Die Kabarettbühnen brachten die Probleme der Zeit ungeschminkt auf den Punkt, sprachen die Missstände der Nachkriegsjahre unverblümt aus, legten den Finger in die schwärenden Wunden. Doch leider taten sie dies jeweils für den anderen deutschen Staat.

Ein wichtiger Scheidepunkt in der Entwicklung der beiden deutschen Staaten ist das Jahr 1968. Während es in Westdeutschland für Revolte, Aufbruch und Veränderung steht, bedeutete 1968 die Sarkophagisierung des Ostens. Mit dem Ende des Prager Frühlings und der Breshnew-Doktrin wurde klar, dass der Sozialismus keine Weiterentwicklung plante, sondern sich in einer poststalinistischen Ideologie einrichten wollte. Im Westen Deutschlands gelingt hingegen in den 60er-Jahren auch dem Humor ein Aufbruch. Mit dem Zerbrechen des Schweigegelübdes über die Nazizeit und der Entblößung des Spießbürgerlichen als Fassade zerbricht auch der faule Humorkompromiss der Nachkriegsjahre. Anarchische Elemente des Humors werden auf nahezu allen Ebenen möglich. Der Film *Wir Wunderkinder* kommt ins Kino, aber auch Rainer Erlers frühe Fernsehkomödien, genannt seien *Orden für die Wunderkinder* und sein leider völlig vergessenes Kabinettstück *Endkampf*, kratzen am bürgerlichen Wohlstandskonsens und legen die kollektive Geschichtsverdrängung bloß. Und doch konnte nur der Amerikaauswanderer Billy Wilder mit dem 1960 gedrehten Kino-Klassiker *Eins, Zwei, Drei* illustrieren, was herauskommt, wenn man den Status der geteilten Stadt Berlin endlich auch einmal mit dem »nötigen« Un-Ernst betrachtet. Ein humoristisches Glanzstück, dem die DDR-Führung damals leider schon vor der Premiere eine mehrere Hundert Kilometer lange gemauerte Realität in den Weg gestellt hatte.

Seinen Höhepunkt findet der Aufbruch zum unverklemmten Spaß an Nonsens mit der »Neuen Frankfurter Schule« in Literatur und Presse, vornehmlich in der enorm erfolgreichen Zeitschrift *Pardon*, deren Auflagenexplosion von 1962 bis 1971 sie kurzzeitig sogar zur erfolgreichsten Satirezeitschrift Europas werden ließ. Genannt werden müssen hier die Mitarbeiter Bernstein, Gernhardt und Waechter. Letzterer erzielt sogar bemerkenswerte Erfolge mit humorvollen Kinderbüchern und Stücken für Kinder. Das Absurde als unerschöpfliche neue Quelle für humoristisches Treiben trifft auf ein nahezu völlig unvorbereitetes Publikum, als 1971 die Truppe von Monty Python einige Folgen des *Flying Circus* für die ARD in einer deutschen Fassung nachdreht. Wichtige öffentliche Humorprotagonisten der Zeit sind auch Wolfgang Menge, der paukenschlagende Wolfgang Neuss und der umtriebige junge Joseph Beuys, der immerhin vorschlägt, die Berliner Mauer aus ästhetischen Grunden um ein paar Zentimeter zu erhöhen.[54]

Auch im Sex wird Humor möglich, die Berliner Kommune I mit Fritz Teufel, die in den Society-Spalten ausgewalzte Beziehung von Rainer Langhans und Uschi Obermaier, Oswald Kolle mit seinem Sexualaufklärungs-Kino und die seltsame Verbandelung von Politik und Erotik der Hamburger Sponti-Zeitung *St. Pauli Nachrichten*. Alles mehr oder minder spaßige Versuche, die stickige Luft beim Vollzug der ehelichen Pflichten aus den deutschen Schlafzimmern zu vertreiben. Otto Waalkes wird schließlich zum gefeierten Bühnenstar, vor allem mit Texten von Gernhardt, Peter Knorr und Bernd Eilert. Neue, nach englischen Vorbildern gestrickte Fernsehformate wie *Klimbim* und *Ein Herz und eine Seele* eroberten das Fernsehen, Loriots Cartoon- und Sketch-Magazin wurde wegen der feinen Umgangsformen des distinguierten Vicco von Bülow zu Unrecht als aller Subversion abhold wahrgenommen und geschätzt. Außerdem kamen nun echte, von angestaubten Bühnenmitteln befreite Kabarettsendungen ins Fernsehen. Am bekanntesten

54 Beuys führt dazu aus: »Die Betrachtung der Berliner Mauer aus einem Gesichtswinkel, der allein die Proportion dieses Bauwerks berücksichtigt, dürfte doch wohl erlaubt sein. Entschärft sofort die Mauer. Durch inneres Lachen. Vernichtet die Mauer.«

wurden dabei Dieter Hildebrandts *Notizen aus der Provinz* und sein darauf folgender SFB-*Scheibenwischer*, der sogar einige Male zumindest im Freistaat Bayern nicht ausgestrahlt werden durfte. Ende der 70-er- und Anfang der 80-er Jahre wird Humor offensichtlich als eine Möglichkeit akzeptiert, die emotionalen Wunden der wirtschaftlich prosperierenden Gesellschaft zu heilen.

IX. Standesgemäß schmunzeln

»Es tut mir leid, aber Ihren Humor kann ich nun wirklich nicht teilen!« Kaum auf einem anderen Felde als dem Humor gilt das Sprichwort: »Was dem einen sein Uhl, ist dem anderen sein Nachtigall!« Auch wenn es größte Unterschiede in Quantität und Qualität gibt, so hat doch jeder Mensch einen Humor, *seinen* Humor. Gleichzeitig will Humor geteilt werden, entsteht nur im gesellschaftlichen Miteinander und ist ebenjenem Beisammensein dann auch überaus dienlich. Es braucht zumindest zwei Personen, damit Humor überhaupt entsteht. Und er funktioniert nur, wenn beide Seiten sich über Ziel und Stil geeinigt haben. Nur dann wird der Funke den Zunder zum Brennen bringen. Sei es eine allgemeine Erheiterung, sei es Überraschung und Verblüffung, sei es eine neue, die Gedanken befruchtende Erkenntnis, die da zwischen eben erklommener Fallhöhe und dem Boden der harten Realität so plötzlich und unerwartet aufscheint.

Und so geht es beim Humor wie bei jeder Form der Kommunikation immer auch um die Klärung des gegenseitigen Verhältnisses. Ist man dem Gegenüber ebenbürtig oder unterlegen? Der Sprecher kann seinem Zuhörer Respekt oder Verachtung entgegenbringen, der Zuhörer kann sich akzeptiert oder bevormundet fühlen. Während diese Ebene der Kommunikation bei humorfreien Kommunikationsformen weniger wichtig ist, spielt sie beim humorvollen Miteinander eine entscheidende Rolle. Denn Humor ist, wenn auch unausgesprochen, seit jeher mit dem Verdacht der Niveaulosigkeit belastet. Ein eher profanes »Kulturgut« der Schichten, denen es an kultureller Verfeinerung mangelt. Unter seinem Niveau möchte man nicht lachen, sich durch die Selbstoffenbarung des Lachens nicht unmöglich machen.

So dürfte sich ein von bildungsbürgerlichen Bedenken weitestgehend freier Prolet (darf man ihn noch so nennen?) kaum einmal die Frage gestellt haben, ob er selbst wohl Humor habe oder einen solchen mag. Man frage ihn, ob er Bier trinkt oder ob er zwischen seinen Zügen am Glas auch mal atmet. »Hat der Frosch einen wasserdichten Arsch?« Jeder Lachanlass wird freudig begrüßt, und je mehr Anlässe es da gestern am Tresen zum Brüllen und Prusten gegeben haben mag, desto schöner war es dann für alle gewesen. Hier bleibt allein das Problem, ob der Kollege, Sportsfreund oder Kumpel es klaglos erträgt, wenn die alltäglichen Anpflaumereien irgendwann im Übermaß auf seine eigenen Kosten gehen sollten. Das ist die Qualität, die im alltäglichen

Miteinander der Stehbierhalle gefragt ist. Das viel zitierte »Humorhaben« bedeutet mancherorts meist nichts anderes, als mit einer rechten Leidensfähigkeit ausgestattet zu sein, ein knüppeldickes Fell sein Eigen zu nennen.

Mit zunehmendem Kontakt zur Kultur und einer damit meist einhergehenden Verfeinerung der Umgangsformen verabschiedet sich ein bürgerliches Publikum von derart rustikalen Verhaltensweisen. Manche dieser Heiterkeitsanlässe werden hinterfragt oder rundheraus als den guten Sitten widerstrebend verdammt. Und doch gibt es latente Neidgefühle in den besseren Kreisen. Dumm fickt gut, und das einfache Volk hat anscheinend auch sonst, wenn es sich vergnügt, mehr Spaß im Leben. Die Unterschicht, sie lacht. Sie ist schadenfroh und nie um ein Scherzwort verlegen. Nichts, was sie erheitern würde, kann ihr peinlich sein. Sie weiß jeden noch so blöden Witz zu schätzen. Da werden »Ausdrücke« benutzt, die ein ordentlich erzogener Mensch seit Kindergartentagen nicht mehr in den Mund nehmen würde. Man weiß sich schließlich zu beherrschen. Zur Darmentleerung begibt man sich auf die Toilette, zur Erheiterung darf es hin und wieder ein Bonmot von Bismarck, ein geistreiches Zitat von Oscar Wilde oder auch mal ein Besuch im Kabarett sein. Vor allem Harald Schmidt ist viel auf diesem Drahtseil gelaufen. So machte er monatelang Witze über Polen, die eigentlich für sein Publikum zu primitiv waren, das dann aber doch

lachen musste, in der Hoffnung, dass ein Polenwitz aus dem Mund des anerkannten Hochkomikers Schmidt nicht doch etwas Besseres sei. Berühmt wurde später Schmidts Begriff vom »Unterschichtenfernsehen«, der mit demselben Dilemma spielt.

Der Bildungsbürger lacht nicht mehr einfach so. Er hat Manieren. Lachen ist ihm wie Rülpsen und Furzen. Das tut man nicht. Der Bildungsbürger hat sich und seine niederen Triebe im Griff, er ist unspontan aus Überzeugung. Und seine Konventionen erlauben ihm das Lachen eben nur an den dafür vorgesehenen Orten und nur ausnahmsweise, und dann zur rechten, angemessenen Zeit. Das konstituiert den gesellschaftlichen Distinktionsgewinn. Man zwängt sich in das Korsett der Konventionen.

Der Aufstieg auf der sozialen Leiter geht mit einem Verlust von Spontaneität und Sinnlichkeit im alltäglichen Umgang einher. Kindliche Spielfreude beim »Mau-Mau« weicht der Anspannung beim hohen Einsatz am Poker- oder Roulettetisch. Sprache wird im Geschäftsleben auf ihre bloße Mitteilungsfunktion reduziert. Privat dient die möglichst gewählte Sprache der Verfeinerung der Sitten und der Darstellung des gesellschaftlichen Rangs. Egal wie umständlich die Ausdrucksweise sich dabei mitunter dann gestaltet. Man bedient sich gerne bei den kanonisierten Kulturprodukten. Man zitiert die in der Schule auswendig gelernten Zeilen der »Großen Dichter« und sammelt anderweitig Erbauliches und Zitierbares aus Büchern, um damit angelegentlich gesellschaftlicher Verpflichtungen zu prunken. »Ich möchte meine Ausführungen über die ganz zu Unrecht oft verteufelte Chlorchemie gerne mit einem Gedanken von Johann Wolfgang Goethe beginnen, der in seinen Gesprächen zu Eckermann sagt: ...«

Jeder spontan geäußerte Scherz könnte versehentlich einer zu tiefen (Unterschicht-)Schublade entstammen und für Verstimmung sorgen. Also Achtung! Humor ist für Menschen von Rang und Wichtigkeit ein gefährlich vermintes Terrain. Wer sich hochgearbeitet hat, der verrät hier womöglich unfreiwillig seine Wurzeln im Viertel mit den vieletagigen Wohnblocks der Arbeiter. Und doch lungert etwas im Verborgenen. Eine Lust. Man hätte halt auch gerne ein Stückchen von jenem Spaß und dieser naiven Lebensfreude, welche Besitz, Status und auch gesellschaftlicher Einfluss nicht geben können. Das was wir ésprit genannt haben. Eine von Leichtigkeit, Ironie und Heiterkeit geprägte Sicht auf die oder auch mal ganz frontal gegen diese Welt.

Dem gegenüber steht aber ein Großteil des täglichen Strebens und Trachtens, das sich mit den humorlosesten Dingen befasst, die es nur geben kann: Macht erlangen, Einfluss ausüben, die Familie zu weiterem Ansehenszuwachs führen und dabei für den Leistungs- und Einflussträger und seine nachfolgenden Generationen den aufgehäuften Wohlstand immer weiter mehren.

Deshalb bleibt die bessere Gesellschaft, wenn sie sich mal amüsieren will, auch am liebsten unter sich. Unter seinesgleichen darf man sich des steifen Kragens entledigen, man tituliert sich zwanglos als Putzi, Hasi und Lizzy und macht dabei dann auch schon mal flache Witze. Gerne mit dem einleitenden Zusatz, dass diese Pointe nun wirklich gar zu billig sei, selbige also bitte nicht auf die Goldwaage der üblichen Wertermittlung zu legen sei. Das Derbe und Zotige soll sich dann in solchen abgezirkelten Zoos der Reichen und Schönen zu fortgeschrittener Stunde besonderer Beliebtheit erfreuen. Man lässt die sprichwörtliche Sau raus und kostet mit schamvoll geröteten Wangen vom prickelnden Gefühl der Peinlichkeit.

Humorpreziosen verfeinerter Provenienz sind in solcher Umgebung kaum zu erwarten, bedürfte es dazu doch des täglichen und geübten Umgangs mit solchen Stilmitteln. Und so verfestigt sich die Ansicht, die im Humor allenfalls einen fortwährenden Angriff auf den ehrwürdigen und mit aller Kraft zu verteidigenden Kultiviertheitskanon erkennt.

X. Das Auge
des Betrachters

Es gibt einen Vorher-nachher-Cartoon des argentini-
schen Zeichners Quino, der exemplarisch vor Augen
führt, dass es zum rechten Kunstgenuss einer ent-
sprechenden Vorbildung bedarf. Auf dem ersten Bild
steht eine konsternierte Reinigungskraft inmitten des
völligen Chaos, das ihre Dienstherren im erkennbar luxuriösen Wohnzimmer hinterlassen haben. Das
zweite Bild zeigt das blank geputzte Interieur und eine
nunmehr komplett aufgeräumte Version von Picassos
»Guernica«, das über dem Designersofa an der Wand
hängt.

In der Realität ist ein solches, das Schmunzeln
anregendes Missverständnis durch deutsche Medien
gegeistert, als eine vom Meister Joseph Beuys absichtsvoll beschmutzte und verpflasterte Kinderbadewanne
anlässlich eines SPD-Empfangs im Schloss-Museum
als praktisches Gläserspülbecken missbraucht und zu
diesem Zweck von den Genossinnen des Ortsvereins
vorab natürlich säuberlich blank gewienert worden
war. Einige haben damals auch über diese Pointe

verstanden würden, dass zukünftige Generation erst entdecken werden, was den wahren Wert seines Schaffens wirklich ausmacht. Das Rätsel, das Geheimnis, das nicht endgültig Erklärbare ist ein nicht unwesentlicher Bestandteil aller als »groß« rubrizierten Kunst. Der Humor dagegen muss immer alles offenlegen. Er benötigt im kommunikativen Prozess den Konsens zwischen Sender und Empfänger. Keine Pointe ist für die Ewigkeit gemeißelt. Ein Umstand, der leider allzu viele Künstler, die sich mit der Verfertigung absichtlich und oft ausschließlich komisch gemeinter Werke beschäftigen, dazu animiert, einen arg beengten gemeinsamen Nenner zwischen sich und ihrem Publikum zu suchen.

XI. Humor
als Handelsware

»Humor hat man – Komik macht oder entdeckt man«, hat Robert Gernhardt einmal seine Tätigkeit auf den Punkt zu bringen versucht. Manche Komik entsteht, weil es dazu nur des rechten Blicks auf die Dinge bedarf, die meiste Komik aber muss vom Künstler mühsam erarbeitet werden. Und immer schwingt da die Angst mit, womöglich nicht verstanden zu werden. Wer gewerbsmäßig Heiterkeit verbreiten will, der kungelt mit den Massen da draußen, er macht sich gemein mit den gemeinen Menschen, er suhlt sich mit im schmutzigen Koben des Durchschnittsdenkens.

Wer hingegen seine Distanz wahrt, sich »verweigert«, wer »sperrig« ist und »schwer zugänglich«, wem das Prädikat angeheftet wird, dass man sich »den Genuss seiner Kunst hart erarbeiten müsse«, dem öffnet sich so auch leichter eine Pforte in die heiligen Hallen der Hochkultur. Die nicht zuletzt deshalb so heilig sind, weil die Aufnahmebedingungen dort sehr streng sind. Reger Publikumsverkehr im solcherart handverlesenen Olymp ist dann zwar dringend erwünscht, aber leider immer nur äußerst eingeschränkt möglich. Kunst will elitär sein, nur für die Berufenen und Eingeweihten. Natürlich gibt es auch elitären Humor, der nun im kleinsten Kreise goutiert werden kann, schrulliges Fachchinesisch bestimmter Wissenschaften zum Beispiel. Der geniale Gary Larson hat mit seinen *Far Side*-Cartoons diesen Fundus weidlich und erfreulich allgemeinverständlich ausgebeutet. Und doch haben sich viele Zeitungsleser bei seinen Blättern gefragt, wo denn da wohl der Witz versteckt sei. Und nicht immer war die mitunter zweifelhafte deutsche Übersetzung (in der z. B. das Wort »early« ständig als »früh« statt mit einem erhellenderen »urzeitlich« eingedeutscht wurde) der beigegebenen Textzeilen der Grund für Kopfschütteln und Unverständnis. Gary Larsons Humor, der sich mitunter auch als Meta-Humor mit bekannten Mustern der Pointenerzeugung auseinandersetzte, bedurfte einiger grundlegender Humorerfahrungen beim Publikum, um verstanden zu werden.

Es gibt auch einen Bildungsweg in Sachen Humor, dieser ist aber nicht ausgeschildert. Man bringt den Kindern in der Schule neuerdings bei, wie sie mit Internet und Computer umgehen sollen, aber eine Humorschulung, die dann dafür Sorge trüge, dass der Schüler sich, wenn das korrekte Anklicken von Links gelernt wurde, eben nicht mehr ausschließlich über die dümmlichsten aller in »Jackass«-Manier erstellten Videos bei YouTube amüsiert, findet nicht statt. Der Humor und sein alltäglicher Konsum bleibt jedem Menschen selbst überlassen. Man verhält sich hier ähnlich ungeschickt wie bei Pommes, Cola oder Hamburgern. Für das fachgerechte Zerlegen und Genießen vom Hummer gibt es Kurse, aber keine Volkshochschule, kein Deutschlehrer, keine Literaturredaktion fühlt sich berufen, das Publikum behutsam an anspruchsvollere Formen von Scherz, Satire und Ironie heranzuführen. Allenfalls Ermahnungen und Warnungen werden da ausgesprochen, wie auch im Falle von Pommes, Hamburgern und Cola.

Wir alle haben uns unser Humorverständnis in der Schule des Lebens selbst erarbeitet. Ein Lernprozess, der, von frühkindlichen Vorlieben für Grobgeschnitztes aus der Welt der Körperausscheidungen (man nennt dieses Genre demgemäß auch Ka-Pi-Fu[55]) ausgehend, die Humorwahrnehmung stetig verfeinern kann, so wie sich die humoristische Literatur vom wenig manierlichen *Narrenspital* des spätmittelalterlichen Autors Johann Beer bis zu den grazilen *Tranchirer'schen Ratschlägen* eines Ror Wolf entwickelt hat. Eine geschmackliche Ausdifferenzierung, die sich auch für eine breitere Masse erschließen ließe, läge der Humor als Ware nicht ausnahmslos in den Händen derer, die allein eine gute Quote oder die gewinnträchtige

---

55 Franz Maria Feldhaus: *Ka-Pi-Fu und andere verschämte Dinge. Ein fröhlich Buch für stille Orte*, Friednau 1921

Auflagenhöhe als Messlatte für »guten« Humor gelten lassen. Der Humor wird von wenigen Ausnahmen abgesehen abseits des etablierten Kulturbetriebs gehandelt wie Salami oder Bierwurst, und es gilt der Satz: »Darf's ein bisschen mehr sein«, der dafür sorgt, dass vermeintliche und manchmal gar tatsächliche Pointen wie Maschinengewehrsalven auf ein weitgehend wehrloses Publikum abgefeuert werden.

Allenfalls in den Nischen des Kulturbetriebs wird man fündig, wenn man nach Beispielen sucht, um seine Bildung auf diesem abseitigen Felde voranzutreiben. Der gezeichnete Humor, der Cartoon, bot nach dem Krieg in West und Ost eine horizonterweiternde Quelle, und wieder waren es französische, englische und US-amerikanische Importe, die geeignet waren, dem Publikum einen Blick für diese neue Welt zu eröffnen. Der Osten neigte aus Devisenknappheit eher zu polnischen und tschechischen Importen, auch aus dem einfachen Grund, weil der gezeichnete Gehalt an konformem Klassenstandpunkt in den Bruderländern bei Erstveröffentlichung schon abgemessen und für einwandfrei befunden worden war. Und doch, in Ost und West dämmerte nun vielen, dass es einen Humor jenseits der bis dahin üblichen Illustrierten-Witzseiten-Scherzmuster geben kann: Ehefrau mit Nudelholz, Afrikaforscher im Kannibalenkochtopf, Schiffbrüchiger auf einer Insel mit singulärer Palme. Die Cartoonistenriegen des *Punch* und des *New Yorker* boten vielfältige Inspirationen für eine regelrechte Revolution der humoristischen Mittel und Werkzeuge. Und so entstammt der wohl größte und nachhaltigste Humorschaffende der deutschen Nachkriegszeit Vicco von Bülow, alias Loriot, ebenfalls der Zeichnerzunft. Auch seine ersten Fernsehversuche in den 1960er-Jahren widmeten sich folgerichtig zunächst dem Thema »Cartoon«.

Auch angesehene Literatur-Verlage schämten sich damals nicht, gezeichnete Erzeugnisse in ihr Programm aufzunehmen. Zumeist natürlich, weil man sich gehörigen Umsatz im publikumswirksam gewordenen Genre versprach, aber eben auch, weil man stolz darauf sein konnte, weniger umsatzträchtige, aber herausragende Meister dieser Kunst wie Chas Addams, James Thurber, Ralph Steadman, Ronald Searle oder Saul Steinberg zu verlegen. So wie man als guter Verleger literarische Passionen zeigt und manchmal an einen Autor glaubt, obwohl dessen Bücher sich wahrscheinlich auf Jahre hinaus nicht rechnen werden. Dass die Kunst des Cartoons, kaum war sie anerkannt, ja sogar museumsreif, einen leidigen Hang zu gesteigerter Kunstfertigkeit, und dieses dann leider auch gepaart mit zunehmender Humorferne, entwickelte, steht auf einem anderen Blatt, erklärt aber die Rückbesinnung auf absichtlich kunstlos gestaltete Witzbildchen, wie sie nun schon seit mehr als zwei Dekaden in der Cartoonistenszene zu beobachten ist.

Der im Umfeld der Satirezeitschift *Titanic* einstmals geprägte Begriff der »Hochkomik«, der ursprünglich dazu dienen sollte, ähnlich der »Hochkultur« eine qualitative Unterscheidung von den »niederen« Formen der Fließbandpointenfertigung anzuzeigen, wurde von den Buchtippgebern der Stadtmagazine und des Feuilletons dankbar übernommen. Allerdings diente er hinfort nur mehr dazu, eine erhöhte Pointendichte im empfohlenen Produkt herauszustellen. So bleibt es weiterhin nötig, einen Begriff für »guten Humor« zu finden. Man spricht von einer herausragenden Komödie im Kino oder auf der Bühne, die Oper zeugte und nährte ihren kleinen, witzigen Bruder, die Operette, selbst die »ernste« konzertante Musik kennt das »Scherzo«, wie aber bezeichnet man eine Komödie in Prosa? »Satirischer Roman«? Nicht aller Humor erschöpft sich im Mittel der Satire. Und gälte solches dann auch für all jene seltenen Kunsterzeugnisse, bei denen der Humor ein gekonnt eingesetztes Mittel, aber eben nicht die einzige und ausschließliche Qualität darstellt? Ist die *Empfindsame Reise* von Laurence Sterne romantisch, kitschig oder witzig, oder ist sie nicht doch alles zusammen? Bei nicht wenigen literarischen Neuerscheinungen beschränkt sich der Humor gerne auf die Erwähnung desselben im Klappentext. Eine eilfertig annoncierte Qualität, die der Leser angesichts des Buchinhalts dann aber oft schmerzlich vermissen wird.

Eine literarisch gebildete, ältere russische Dame

zeigte sich einst entsetzt, als wir Venedikt Jerofeevs Poem *Moskau–Petuški* als ein Beispiel für hochkomische Literatur anführten. »Aber das Buch ist doch nicht zum Lachen, es ist zum Weinen!«, rief sie empört. Auch die von Peter Urban betreute Neuausgabe von *Moskau–Petuški* bemühte sich, mit einem gewaltigen Anmerkungsapparat dem Werk endlich die literarische Anerkennung zu verschaffen, weil es bisher als ein »Humorbuch verkannt« worden sei. Es gab in Deutschland eine Übersetzung der Werke von Daniil Charms, bei der der Übersetzerin das zweifelhafte Kunststück gelungen ist, sämtliche Komik aus seinen Geschichten zu verbannen. Thomas Theodor Heines 1941 veröffentlichte Persiflage des Aufstiegs der NSDAP, der Roman *Ich warte auf Wunder*, einer der wenigen dicken Romane des deutschsprachigen Humors des 20. Jahrhunderts, ist nahezu unbekannt geblieben, weil man nach 1945 über eine verballhornte NSDAP nicht lachen konnte oder wollte. Selbst bei Aufführungen von Thomas Bernhards pointengespickten Stücken wird man mitunter angezischelt, weil man lacht, aber leider den falschen, also den bildungsbeflissenen und komplett humorlosen Theatergänger neben sich sitzen hat. Es findet sich noch immer kein Verleger, der neben dem *Schwejk* die zumindest gleichrangigen unzähligen Geschichten eines Jaroslav Hašek endlich einmal komplett zugänglich machen würde. Mark Twain, James Thurber, Saki, sie alle haben in Hašek einen wahrlich würdigen tschechischen Bruder.

Nein, der Humor bleibt ein Feld, auf dem allenfalls eine schnelle Mark (oder neuerdings ein eiliger Euro) zu verdienen ist. Eine literarisch-kritische Betrachtung findet nicht statt. Die Wertschätzung orientiert sich allein am wirtschaftlichen Erfolg. Stapelware, von der abfällig gesprochen wird. Es bleibt vergleichsweise kleinen Kreisen von Genießern vorbehalten, dem Erscheinen eines neuen Bändchens Max Goldt'scher Kolumnen oder eines Romans von Frank Schulz sehnlicher entgegenzufiebern als jenen Früchten einer Büchersaison, denen das Feuilleton mit Vokabeln wie »notwendig«, »wichtig«, »groß« oder gar »bedeutend« huldigt.

ZWISCHENRUF 1:
KABARETT IST, WAS BETROFFEN MACHT

Exemplarisch für die verbreitete Verteufelung des Humors mag die Geschichte des westdeutschen Kabaretts nach 1945 stehen.

Die »Kleinkunst«-Bühne war ein Ort, an dem sich die wegen des mitunter gehäuften Vorkommens sogenannter Pointen allgemein als minderwertig angesehenen literarischen Formen ihre Nische abseits des staatstragenden, der moralischen Erbauung verpflichteten Theaterolymps geschaffen hatten. Man akzeptierte das als etwas so Ähnliches wie Kultur und Kunst, aber näher an der Zeit und am Publikum orientiert und also eine Etage tiefer, im sprichwörtlichen Kabarett-Keller, verortet.

In diesen »Brettl«-Vorstellungen sollte also tatsächlich auch gelacht werden dürfen. Dem Un-Ernst eine Chance. Ironischer Umgang mit dem Wüten des Weltgeweses war erklärtes Programm. Und kein Ringelnatz, Klabund, Tucholsky oder Kästner wäre auf die Idee gekommen, dass ihrem verehrten Publikum doch bitte jegliche dargebotene Pointe auf der Stelle im Halse stecken zu bleiben habe.

Die Protagonisten des Vor- und Zwischenkriegskabaretts waren sich der Tatsache bewusst, dass ihr Humor auch eine Waffe sein konnte. Dass aber ihre Kritik an den gesellschaftlichen Verhältnissen durch die mit Humor durchtränkte Form, in der sie von der Bühne schallt, leider bis zur Unkenntlichkeit verwässert sei, und also wirkungslos bleiben müsse, diese typisch deutsche Einsicht verdanken wir meistenteils den Kritikern der Nachkriegsjahre. Eine Sicht, die sich nicht zuletzt aus der Rückschau erklären lässt, aus der Erfahrung des der Weimarer Republik nachfolgenden Dritten Reichs und der ex cathedra verkündeten tausend Jahre humorfreien Zone.

Hätte das populäre Kabarett diese kollektive Volksverblendung nicht verhindern können/müssen? Ein irrwitziger Anspruch, den so kaum jemand an die Ibsen/Schiller/Goethe/Kleist-Staatstheater stellen würde. Und dass auch das Volkserziehungs-Theater eines Bertolt Brecht solches nicht vermochte? Nun gut.

Hohe Kultur ist und bleibt eben ein äußerst rares Gut. Die Massen da draußen folgen anderen Verführern. Die weitestgehende moralische Folgenlosigkeit des Goethe- und Schiller-Konsums wurde auch durch die Jahre 1933–1945 wieder hinlänglich bewiesen. Aber ein politisches Kabarett, das nicht so abgehoben ist und breitere Schichten der Menschen da draußen erreichen kann, das hätte da doch für die Altvorderen als Bewahrer der deutschen Kulturwerte in die Bresche springen müssen? Oder?

Zumindest wurde die deutsche Literatur- und Kulturgeschichte der 20er-Jahre mangels einer akzeptablen Fortschreibung nach den Bücherverbrennungen und Künstlervertreibungen zu großen Teilen erst in der Rückschau festgeschrieben, und also fanden da plötzlich auch populäre Autoren wie Kurt Tucholsky oder Erich Kästner Aufnahme im allgemein akzeptierten Kanon der »Großen Literatur«, obwohl sie lebenslang dem niederen Laster des Humors gefrönt hatten.

Liest man Volker Kühns Geschichte des deutschen Kabaretts (oder wahlweise jene von Klaus Budzinski), so wird man unzweideutig belehrt, dass der Humor doch bitte auch im Kabarett immer hinter dem Anspruch der ernsthaften »Volksbildung/Weltverbesserung« zurückzustehen habe. Und jede Pointe, hinter der sich nicht offenkundig eine abgrundtiefe Wahrheit auftut, steht automatisch im Verdacht, der schnöden Unterhaltung des Publikums zu dienen. Etwas, was ein deutsches Kabarett keinesfalls tun darf, ansonsten man diesen Wechselbalg der Bühnenkunst eben doch wieder an seine niedere Herkunft erinnern sollte und also als bloßes »Tingeltangel« abtun muss.

Ein Vorwurf, den sich in den 60er-Jahren alle mittlerweile durch ihre, immer seltener Widerspruch oder Protest hervorrufenden Fernsehauftritte und also von der allgemeinen Öffentlichkeit gehätschelten Groß-Kabaretts im Adenauer-, Erhard- und Kiesinger-Deutschland gefallen lassen mussten und den sich so mancher der Autoren und Künstler denn auch mit der zunehmenden Politisierung der westdeutschen Jugend zu eigen machte. So hat die Münchner Lach- und Schießgesellschaft 1964 in der irrigen Hoffnung, nun aber mal tatsächliche politische Wirkung zu erzielen, eine öffentliche Fernsehdiskussion mit Bonner Politikern absolviert, die als äußerst »unrühmlich« für die Groß-Kabarettisten in die Geschichte der Schwabinger Bühne eingegangen ist. Es ist anzunehmen, dass Humor bei dieser seltsamen Veranstaltung nicht die geringste Rolle gespielt haben dürfte. Aber nur der Humor hätte dazu getaugt, den anwesenden Polit-Popanzen die allwissende Aura ihres vermeintlichen Volksvertreter-Anspruchs zu nehmen. In der damals fernsehüblichen *Werner Höfers Internationaler Frühschoppen*-Form ist der Diskurs der demokratischen Machthaber mit ihren »alternativlosen« Sachzwängen ebenso wenig zu unterwandern wie in den heutigen Talkshow-Formaten.

Anfang der Siebziger, mit einem Willy Brandt als erstem SPD-Bundeskanzler, war, so vernimmt man bei Volker Kühn, die so glänzende Geschichte des westdeutschen Groß-Kabaretts quasi zu Ende. Auftrag ausgeführt! Budzinski will ab nun allenfalls noch jene Agitprop-Truppen gelten lassen, die jegliche Humorabsicht in ihrem propagandistischen Tun sowieso weit von sich gewiesen hätten. Humor war allenfalls ein taktisches Mittel, um damit Aufmerksamkeit zu erringen, aber im Grunde bleibt er schnöder »Krampf« im Klassenkampf.

Und doch existierte das klassische westdeutsche Kabarett weiter, und spätestens mit dem Einzug des endlich wieder die offene Breitseite zum freien Beschuss bietenden Dr. Helmut Kohl ins Kanzleramt 1982 wurde selbigem dann auch erneut eine größere öffentliche Aufmerksamkeit zuteil. Eine öffentlich-mediale Aufmerksamkeit, die sich in den 70er-Jahren schon den damals so uncharmant benannten »Blödelbarden« zugewandt hatte. Insterburg & Co, Ulrich Roski, der frühe Reinhard Mey, Witthüser & Westrupp, Schobert & Black. Ein scherzhafter Aufstand gegen die öde deutsche Schlagerwelt. Aber natürlich auch eine erste Dämmerung jenes, allen Kultur- und Bildungsanspruchs fernen Comedy-Scherzgewerkels, das seinen Aufschwung ein gutes Jahrzehnt später, mit der Einführung der privat betriebenen Fernsehkanäle, erleben sollte. Haufenweise humoridentische Fließbandware zum allfälligen, fast immer völlig geistesfreien Verbrauch.

Obwohl auch dieser trübe Sumpf synthetischer Humorfabrikation nach importierten Mustern, mit 08/15-Pointen in Stammtischmanier, so einiges an neuen Talenten hervorgebracht hat, denen es in ihrer weiteren Karriere dann gelungen ist, über anfängliche Humorimitation bis zur originären Humorproduktion heranzuwachsen.

Die meisten Protagonisten dieser, damals schon eilfertig verkündeten Spaßgesellschaft fristen heute ein oft freudloses und krampflustiges Dasein als sendezeitfüllende Randfiguren, deren vermeintliche Spaßhaftigkeit immer wieder gerne genommen wird, um in allen Arten von Unterhaltungsformaten mit ihren stereotypen Clownerien für erwartbare Heiterkeit und Kurzweil zu sorgen. Eine Menagerie von inhaltlich und stilistisch beliebig austauschbaren, oftmals nur noch peinlichen Pappkameraden, derer ein weitestgehend ideen- und kreativitätsfreies Medium wie das Low-Budget-Fernsehen unserer Tage zur allgemeinen, möglichst inhaltsleeren Volksbelustigung wohl bedarf.

Das Diktum, dass dem Humor auch eine subversive Kraft innewohne, wird in diesem Umfeld mitunter noch gerne zitiert, aber tatsächlich wird der Witz in solchen Zusammenhängen allenfalls als triebabführendes Medikament verabreicht.

XII. Konsens
gegen Komik

Gerade in der Hochzeit des deutschen Humors in den 1960er- und 1970er-Jahren lässt sich die zementierte Wahrnehmung des Humors exemplarisch verfolgen. Trotz riesiger Publikumserfolge und einer großen Verbreitung dieses Humors in allen Bevölkerungsschichten, insbesondere sogar dem intellektuellen Milieu, werden die Bücher, Stücke und Werke humorvoller Kunst nicht als Kunst im eigentlichen Sinne wahrgenommen. Nihilistische Sprachexperimente werden heißblütig in den Feuilletons diskutiert, gegen die Erwartungshaltungen der Zuschauer gedrehte Filme bejubelt. Diese Haltung setzt sich nahtlos bis heute fort: Helge Schneider, Sven Regener, Karen Duve, Wladimir Kaminer oder Heinz Strunk werden von unzähligen Fans gefeiert, von Hunderttausenden gelesen – nur nicht als Künstler geehrt. Ausschließlich ernste, sehr ernste oder bitterernste Werke finden Eintritt in die Ruhmeshallen, zulässig ist in diesen Mauern allenfalls ein angestaubter Altherrenwitz am Stehtisch im Foyer.

Was das Publikum nicht versteht oder was ihm nicht gefällt, kann durch bewertende Gremien wie Kritik und Jurys zu Kunst erhoben oder in den Abgrund gestoßen werden. Gefällt hingegen etwas dem Publikum, steht es einerseits im Verdacht der Gefälligkeit, andererseits misstrauen die Protagonisten bewertender Instanzen nichts so sehr wie ihrem eigenen Lachen. Sie wollen eine rationale Entscheidung treffen, da hat eine emotionale, ja körperliche Äußerung wie das Lachen nichts zu suchen.[56] Schließlich können sich die bewertenden Gremien nur mit positiven Urteilen über mit gehörigem geistigen Aufwand zu rezipierende Kunst erheben. Nur wenn ein Kunstwerk schwer zugänglich ist, beweist eine positive Bewertung das überlegene Kunstverständnis des Bewerters. Ist es bereits mit der Gunst des Publikums ausgezeichnet, ist die Bewertung in beide Richtungen weniger erheblich.

Wir stellten bereits fest, dass wir Humor als spontanen Akt erleben, Komik, die sich bei jeder Erklärung eilig verflüchtigt. Das ist ein Problem der Bewertung von Humor, da sich die Erklärung von Kunst zu einer eigenen Sparte entwickelt hat. Niemals genügt es, ein Kunstwerk zu schätzen oder nicht, stets wird diese ästhetische Einschätzung von umfangrei-

---

56 Es sei denn, sie sind schon so gottähnlich unfehlbar, dass sie selbst ihrem Lachen trauen können: »Ich habe selten so gelacht, und ich lache nie unter meinem Niveau.« (Marcel Reich-Ranicki)

chen Begründungen begleitet. Anhand der Begründungen kann sich der Rezensent als wahrer Experte ausweisen, als jemand, dessen Kunstsinn erkennbar besser entwickelt ist als der des gemeinen Volkes, weil er als gebildeter Kunstgenießer so unendlich viel mehr mitzunehmen weiß als der »kleine Mann«. Man schwärmt von den Bezügen auf vorhergehende Werke der Kunstgeschichte, man verdammt die Nachahmung des schon Dagewesenen. Man entdeckt im Ballett das Theater, im Theater die Oper, in der Oper das Musical, im Musical den Roman, im Roman das Drama und im Komischen das Tragische. Insbesondere Letzteres, die Entdeckung des Tragischen in der Komödie, ist absurderweise das Standard-Lob für komische Kunst anlässlich der seltenen Gelegenheiten, wenn auch solche mal gelobt werden soll. Niemals wird der Rezensent erwähnen, wie herzhaft er gelacht, gegluckst, fast erstickt sei und sich beinahe in die Hosen gemacht habe, sondern er wird immer davon schwärmen, wie alles im Grunde zum Weinen war, wie ihn das Lachen »nachdenklich gemacht«, »im Halse stecken blieb« und so weiter.

Als Lob für ernste Kunst, dass diese so traurig gewesen sei, dass man fast schon wieder darüber habe lachen müssen, ist diese Art der Bewertung hingegen praktisch unbekannt, aber es gibt sie auch in einem anderen Gewand. Ernste Kunst wird häufig dafür gelobt, dass »der Text klüger als der Autor« sei, der Film mehr erzähle, als man auf der Leinwand sehe, und so weiter. In jedem Fall versteht der Rezensent mehr von der Angelegenheit als alle anderen.

Allerdings entzieht sich der Humor solchen Erklärungen. Henri Bergson beschreibt es so: Wenn man Humor erklären müsse, sei das, als ob man seinem Gegenüber spielerisch einen Ball zuwerfe und dieser sich darauf den Ball in die Tasche stecke und wegginge. Kann man aber Kunst aufgrund ihres Humors nicht erklären, so kann man auch den eigenen Kunstgenuss nicht als herausragend verkaufen. Man lacht nicht besser und nicht schlechter als die »kleinen Leute«, man müsste, wollte man sein Wohlgefallen anderen mitteilen wollen, die Lustigkeiten nacherzählen, um seinen Kunstgenuss zu erklären, und könnte nicht behaupten, die Geschichte habe an eine Begebenheit in einem selten zitierten Gedicht eines unbekannten indonesischen Lyrikers erinnert. Ferner kommt es zu einer Art Dissonanz zwischen Kunstwerk und Rezension. Während die Rezension jeder ernsten Kunst selbst immer ernst sein wird und eine humorvolle Rezension gewissermaßen einen Kunstfehler darstellt, ist die komische Rezension eines komischen Stückes eine gern geübte, doch leider nur in seltensten Fällen gelingende, weil besonders schwierige Übung.

Außerdem – und auch das erleichtert den Ritterschlag für den Ernst – ist Humor flüchtig und vergänglich. Nur selten gelingt es dem komischen Kunstwerk, die Jahrhunderte zu überdauern. Das hat vielerlei Gründe. Einerseits wird erfolgreicher Humor oft kopiert, und so komisch das Original war, so überdrüssig wird man doch bald schon der Plagiate.[57] Andererseits verändern sich die Umstände, gegen die sich der Humor gerichtet hat, sodass sich die Komik nicht mehr erschließt. Ernst hingegen ist für immer, denn Ernst ist die schlichte Realität unseres Daseins. Von den Wehen der Mutter bei unserer Geburt bis zu unseren Qualen beim Sterben ist das Leben prallvoll mit Ernst. Zwar sagen solche Wahrheiten nicht das Geringste über eine eventuelle künstlerische Qualität aus, aber da es bei Bewertungen immer auch um den Bewertenden selbst geht, kann er bei der positiven Bewertung des Ernstes immerhin den Klang seines Meißels auf dem Granit der Ewigkeit hören. Bei einer Auseinandersetzung mit Humor wird das kaum gelingen.

Überdies ist jede Bewertung eines Kunstwerks notwendigerweise von erheblicher Subjektivität. Nicht nur die bewertende Person, sondern sogar deren momentane Verfasstheit spielen eine Rolle bei der Bewertung. Dem Vorgang, aus einer solchen Flüchtigkeit Entscheidungen in den Marmor der Ruhmeshallen

---

57 Vergleichbar vielleicht mit der großen Kunst des (im Übrigen sehr komischen) Hitchcock. Seine filmischen Innovationen waren zu weiten Teilen so überzeugend, dass sie zu üblichen handwerklichen Mitteln wurden, sodass die Genialität seiner Filme heute nicht so offensichtlich ist wie zu seiner Zeit.

zu meißeln, haftet automatisch etwas Komisches an. Diese Komik wahrzunehmen oder gar zu reflektieren, würde aber für die Bewertenden bedeuten, den Sinn ihres eigenen Tuns zu hinterfragen. Da hier in der Wahrnehmung der Beurteilenden der Weltgeist und nicht nur der einfache Mensch tätig ist, kann ein bedeutendes Kunstwerk, unmöglich aufgrund eines verdorbenen Krabbensalats in des Jurors Mittagsmahl missverstanden worden sein. So muss Komik durch Jurys, Redaktionen oder Kritiker stark negiert, ausnahmsweise will man den Begriff »verdrängt« zulassen, werden.

Darüber hinaus sei all den griesgrämigen und sauertöpfischen Humorverachtern mit gutem Grund auch noch Unfähigkeit und Bequemlichkeit unterstellt. Die Grundfragen, die sich ein Rezensent stellen muss, hat schon ein älterer Herr namens Goethe unvergleichlich klar formuliert: »Was hat sich der Autor vorgesetzt? Ist dieser Vorsatz vernünftig und verständig? Und inwiefern ist es gelungen, ihn auszuführen?« Diese Fragen zum Grundsatz gemacht, ist es viel schwerer, guten Humor von schlechtem Humor zu unterscheiden, als dies bei humorloser Kunst der Fall ist. Dieselbe Pointe kann in dem einen Zusammenhang zotig sein und in einem anderen schon wieder leidlich originell. Mitunter wird man auch über schlechte Witze lachen, was sie nicht besser macht. Allenfalls im Olymp ist jeder Witz, ob seiner ausgesprochenen Diesseitigkeit, auf Ewigkeiten hin unangebracht. So müssten Juroren bei der Bewertung humorvoller Kunst neben den üblichen Kompetenzen noch viele weitere beherrschen, müssten Sachverstand, Herzensbildung und den Mut zu umstrittenen Entscheidungen – kurzum, sie müssten Witz haben. Leider ist oft das Gegenteil der Fall.

Rezensionen humorvoller Kunst werden nicht selten eingeleitet vom Bekenntnis der Rezensenten, ja eigentlich mit Humor wenig am Hut zu haben, prinzipiell keine Auftritte von Komikern anzusehen usw. Man stelle sich eine vergleichbare Vorbemerkung bei irgendeiner anderen Rezension vor: »Normalerweise stehe ich nicht auf alte Musik, und dieses deutsche Gejaule gibt mir noch den letzten Rest, daher war ich bisher überhaupt erst einmal in der Oper. Trotzdem möchte ich die aktuelle Inszenierung des *Rings der Nibelungen* im Folgenden in Grund und Boden verreißen.«[58] Robert Gernhardt vergleicht das mit einem, der ungeheuren Appetit auf Gurkensalat hat, doch nur eine Tafel Schokolade findet, diese nichtsdestotrotz aufisst und sich dann beschwert, beim Essen nicht den erwarteten Salatgenuss verspürt zu haben.[59]

58 Zahllose Beispiele sind nachzulesen in R. Gernhardt: *Was gibt's denn da zu lachen?*

59 Oder wie der große schottische Komiker Frankie Boyle es ausdrückt: »Humor criticism is why a cunt didn't like something he didn't understand.«

Bei Besprechungen ernster Kunst wird häufig nicht nur das Kunstwerk an sich, sondern auch des Künstlers Geisteshaltung ausgezeichnet, die Ernsthaftigkeit, das verzweifelte Schlagen gegen die Stirn. Jeder humorvolle Künstler hingegen steht unter dem Verdacht, bei der Produktion seiner Kunst Spaß gehabt zu haben. Dabei ist gerade das seltener der Fall, als angenommen wird. Von Mark Twain, der nie den frühen Tod seiner geliebten Tochter verschmerzte, über den erblindenden James Thurber oder Heinz Erhardt und Louis de Funès, die schlecht gelaunt in ihren Arbeitszimmern saßen und die sowohl vor sich selbst beschützt werden mussten als auch ihre Familien vor ihnen, sind die Beispiele weitgehend spaßfreier Humorproduktion zahllos. De Funès soll seine Söhne gewarnt haben, ihn niemals bei der Arbeit zu erschrecken, da er immer eine geladene Pistole in Griffweite habe und nicht versehentlich seine Kinder erschießen wolle.

Dennoch ist der Verdacht des amüsierten Künstlers nicht abzuschütteln, und die Kritik will niemanden für etwas auszeichnen, bei dem er oder sie sich amüsiert haben könnte. Das widerstrebt unserer protestantisch geprägten Auffassung auszuzeichnender Leistungen. Vielleicht hat der ernste Künstler beim Verfassen seines letzten Dramas die ganze Zeit über eine Mordsgaudi gehabt, ist ein lustiges Haus mit einem überaus liberalen Konsum von Drogen und Frauen, aber das zu würdigende Kunstwerk verrät davon nichts. Und der Autor täte auch besser daran, solches zu verschweigen.

Wenn er schon trinkt und sich durch unzählige Betten schläft, dann bitte nicht zum Vergnügen, sondern allenfalls als hilflose Versuche zur Linderung seines Weltschmerzes. Seine Anwartschaft auf den Status des »Genies«, das sich sein Werk unter Aufbietung aller seiner Kräfte abgetrotzt hat, wäre sonst dahin.

Darüber hinaus bewirkt ernste Kunst immer auch eine gewisse Beißhemmung. Wenn ein Maler mit zwei Strichen auf der Leinwand die Unendlichkeit des Universums infrage stellt und dazu schaut, als habe er sehr lange über diese Frage nachgedacht, dann möchte man ihn nicht ob dessen tadeln. Man möchte ihn loben für seine Anstrengung, schließlich hat man selbst schon oft schwerwiegende Fragen ohne durchschlagenden Erfolg zu lösen versucht. Wer in wehleidigem Ton über seine schwere Kindheit schreibt, dem möchte man nicht sagen, dass ihm sein Werk misslungen ist, weil das dann auch bedeutete, dass seine schreckliche Kindheit wirklich vollkommen sinnlos gewesen ist. Die humorvollen Künstler hingegen lassen schon in ihren Werken Lächerlichkeit zu und erteilen damit in gewisser Weise Beißgenehmigung. Das ist gleichzeitig die billige Eintrittspforte für denkfaule Kritik. Vieles in humorvoller Kunst beruht darauf, sich hässlich zu machen, sich nicht ernst zu nehmen. Mark Twain erlaubt uns, über seine schlechten Sprachkenntnisse zu lachen, James Thurber über sein Erblinden, John Callahan über den Umstand, dass er an einen Rollstuhl gefesselt war.

Schließlich – und das ist sehr wichtig – kann sich ein bewertendes Gremium sicher sein, dass ihm vom humorlosen Künstler mit einer Verbeugung, vielleicht sogar mit einem Kniefall (oder mit Hackenschlagen oder Hofknicks, ganz wie es beliebt), gedankt wird. In seinem Ernst wird er die Auszeichnung mit würdigem Gesichtsausdruck und tiefer Dankbarkeit entgegennehmen. Der humorvolle Künstler, so befürchtet man, könnte der Institution und ihren Richtern diese Geste verweigern. Während der ernste Künstler sich bei solchen Zeremonien um eine gute Figur, um Schönheit in Inhalt und Form bemühen wird, will der humorvolle Künstler womöglich damit nicht dienen. Er könnte kecke Sätze sprechen, statt salbungsvollen Dank, er könnte Witze über sich selbst und seine Bewerter machen. Damit beraubte er sie ihrer eigenen hervorgehobenen Stellung gegenüber dem Bewerteten. Er brächte die Jury um den Lohn der Eitelkeit und damit um ihr zentrales Handlungsmotiv. Das erklärt wohl auch die Lawinen der Wertschätzung, die viele komische Künstler nach ihrem Tod erfahren. Endlich hat man sie sicher, der letzte Scherz ist gemacht, die Feder für immer niedergelegt, sie können jetzt die Schulter nicht mehr unter dem pompösen Ritterschlag wegziehen, der ihnen nun zuteilwird. Georg Kreisler hätte sicher nicht schlecht über die ihm postum zugeschriebene Bedeutung in den Nachrufen gestaunt. Ein paar Jahre zuvor konnte er seine letzte Oper lediglich abseits der großen Bühnen in

Rostock uraufführen, und Kreisler war sich sicher, dass ihm der Zugang zu den größeren Häusern Wiens, Berlins oder Münchens verwehrt blieb, »weil ich mal vor vierzig Jahren ein paar komische Lieder geschrieben habe«.

Im Lauf der Zeit hat sich so ein unausgesprochener Konsens des Kulturapparats gegen Komik entwickelt. Eine echte Jury, eine ernst zu nehmende Rezension definieren sich in diesem Konsens dadurch, dass sie komische Kunst im Regelfall nicht wahrnehmen und im Notfall abschätzig betrachten. Mit einem Zuwiderhandeln stellte man sich außerhalb seines eigenen Standes und müsste dafür Sanktionen in Kauf nehmen.

Ein entspannter Umgang mit Humor setzt ein hohes Maß an Souveränität voraus. Schließlich teilt uns die humorvolle Kunst mit, dass auch wir lächerliche und sinnlose Existenzen leben. Das ist eine Wahrheit, die nicht jeder gern hört. Das wohl berühmteste Beispiel für Souveränität im Umgang mit Humor ist der Narr Dagonet, der am Hof des humorlosen britischen Königs Uther Pendragon ein schweres Leben gehabt haben soll. Später jedoch wird er von Uthers Sohn Artus nicht nur in dessen Hofstaat übernommen, sondern von ihm sogar zum Ritter geschlagen und in die berühmte Tafelrunde berufen. Artus selbst also, der mächtige König der Briten, der legendäre Feldherr und Herrscher, hatte kein Problem damit, ausgerechnet einen Narren in seinen engsten Beraterkreis aufzunehmen. Es nimmt nicht wunder, dass angesichts dieser Rolle des Humors im britischen Gründungsmythos der Humor in der britischen Gesellschaft ein hohes Ansehen genießt. Sir Dagonets bis heute beispiellose Karriere sollte allen humorvollen Künstlern als Ermutigung dienen.

Die Wirkung der feuilletonistischen Ausgrenzung des Humors in Deutschland ist vielschichtig und differenziert zu beurteilen. Zunächst handelt es sich um eine Herabsetzung komischer Kunst, was auf den ersten Blick für die Protagonisten nie erfreulich ist. Ambitionierte, nach Anerkennung strebende Künstler werden dadurch zur Produktion humorloser Kunst getrieben, da es ausschließlich in jenen Gefilden erklecklichen Ruhm zu erringen gibt. Einmal dort angekommen, werden sie sich die abschätzige Sichtweise auf komische Kunst ebenfalls zu eigen machen und den bestehenden Zustand weiter festigen. Andererseits erfolgt auf dem Gebiet komischer Kunst durch den starken Selektionsdruck und das Fehlen wohlfeilen Lorbeers bereits im Vorfeld eine sehr harte Auslese. Die Mehrzahl der oft grauenvollen Werke, mit denen das Regal »Humor« im Buchhandel bestückt ist, sind größtenteils vermeintlich komische Bücher von als »komisch« bekannten Menschen und Zweitverwertungen von Comedy-Formaten aus den Medien. Lässt man diese dubiosen Erzeugnisse allerdings mal außen vor, so ist es sehr viel leichter, in Deutschland ein schlechtes ernstes Buch zu erhalten, als ein schlechtes komisches Buch, da ein komisches Buch eines noch wenig bekannten Autors weitaus höhere Hürden überwinden muss als seine ernsten Brüder, um überhaupt auf den Markt zu gelangen. Und der Verleger ist dann gut beraten, vorrangig auf die hochliterarischen Qualitäten des Werks zu verweisen, andernfalls diese Veröffentlichung kaum auf Nachhall in den Feuilletons hoffen könnte. Das heißt aber auch, dass kaum Platz für Experimente auf komischem Gebiet ist, ebenso wenig wie für die Entwicklung noch aufstrebender Talente.

Und so zwiespältig auch die Kritik durch die Jahrhunderte der Kunstgeschichte gesehen wird, so ehrlich muss doch zugegeben werden, dass Kritik der Kunst zumindest nicht geschadet hat. Sachkundige Kritik, die sich mit dem Ansinnen ihres Objekts und der Qualität seines Gelingens oder Nicht-Gelingens auseinandersetzt, schärft die Wahrnehmung, kann die Qualität verbessern, führt vielleicht dazu, dass der Künstler sagt: »Genau dieses von der Kritik geschmähte Mittel wollte ich einsetzen.« In jedem Fall ist die Kritik ein notwendiges und nützliches Korrektiv für die Kunst, so schlecht einige Kritiken auch ausfallen mögen. Auf dem Gebiet der humorvollen Kunst ist die sachverständige Kritik leider weitgehend abwesend. Außer der von Robert Gernhardt und Eckard Henscheid initiierten und über lange Zeit mitgestalteten Humorkritik in der *Titanic* findet sich nichts Vergleichbares im deutschsprachigen Raum.

Und auch dort sieht man sich, den Vorlieben der jungen Leserschaft des Blattes folgend, mittlerweile nur noch in Ausnahmefällen für Kunst und Literatur zuständig. Was umso schwerer wiegt, da sich sonst niemand für humorvolle Kunstwerke zuständig fühlt, also die Theaterkritiker nicht für komische Bühnenproduktionen, die Kunstkritiker nicht für komische bildende Kunst usw.

Auf dem Gebiet komischer Kunst entsteht durch diese Umstände eine scharfe Zweiteilung. Einerseits sind hier die Getriebenen zu finden, die ihre Hände wider besseres Wissen nicht vom Humor als Ausdrucksmöglichkeit lassen können. Obwohl sie wissen, mit welch anderen Spielarten von Kunst ihnen ein Platz im Pantheon sicher wäre, bringen sie sich doch immer wieder durch ihre Zuneigung zum Witz um eine breitere gesellschaftliche Anerkennung als Künstler. Ein klassisches Beispiel hierfür ist der eben erwähnte Robert Gernhardt, der ganz offensichtlich seinen Goethe gelesen hatte, der immer wieder Bezug zum Kanon der deutschen und internationalen Literaturtradition nahm und in seinen lyrischen wie belletristischen Werken stilistische Experimente wagte und sich auch an klassischen Heiligtümern gerne vergriff. Sonette in feinster Sonettmanier »scheiße« zu finden, das ging der Gutbürgerlichen-Zeit-Leserschaft gar zu sehr gegen den Strich. Mit geradezu fundamentalistischem Furor erhoben sie die Stimmen zur Verteidigung ihrer literarischen Heiligtümer. Die Reaktionen gingen bis hin zur äußerst humorlosen Beschimpfung. »Dieses Miststück taugt nur zum ... wischen.«[60]

Hätte Gernhardt auf das komische Element verzichtet, er wäre wohl bereits in jungen Jahren als Wort-Künstler gefeiert worden. So wurden ihm, dem längst geachteten Cartoonisten, dem von seinen Lesern Geliebten, dem Drehbuchautor des erfolgreichsten deutschen Films der Nachkriegszeit, die hochkulturellen Ehren erst zuteil, als er am Ende seines Lebens, von schweren Krankheiten und Schicksalsschlägen gezeichnet, das Komische zugunsten tragischer Elemente zurücknahm. »Herz in Not«, Gernhardts zehnter Gedichtband, der seine Herzoperation thematisierte, erschien fast genau dreißig Jahre nach Gernhardts Erstveröffentlichung. Danach erhielt er pro Jahr durchschnittlich zwei Preise, in den dreißig Jahren davor einen in fünf Jahren.

Letztendlich ist schon die Einrichtung von »Comedy« als eigener Kunstsparte eine tragische Fehlleistung der deutschen Geisteslandschaft. Denn Humor ist keine Gattung, sondern eine Haltung, eine Vielzahl von Methoden wie Satire, Zynismus, Clownerie usw. Schließlich werden »Tragedy« oder »Boredom« auch nicht als eigene Sparten ausgewiesen, auch wenn diese letztgenannten Fächer auch Regalmeter in den Buchhandlungen füllen würden, ganze Spielpläne dominieren würden. Comedy ist gewissermaßen die

---

60 Gernhardt: *Letzte Ölung*, Teil 1, Haffmans 1984

Sondermülltonne für alles mit Humor Kontaminierte. Durch diese Absonderung von Comedy von den anderen Künsten, durch das sinnfreie Vermengen von Musicals, Einzelauftritten, Theaterstücken, Malerei, Büchern und Konzerten unter dem Label Comedy entsorgt man diese Kunstwerke in ebendiese Tonne und verweigert ihnen die Wahrnehmung als geistige Einzelleistungen. Auch wenn es keine letztgültige Lösung dieses Problems gegeben hat oder geben kann, ist man in dem vergleichbaren Diskurs über U-Musik und E-Musik erheblich weiter. Die Experten sind sich darüber einig, dass eine solche Unterteilung unsinnig ist und nichts über die Qualität der fraglichen Musik aussagt.

Die falsche Gattungsbezeichnung kann zu misslichen Begebenheiten führen. So kann ein Liebhaber des Kabaretts versehentlich in einen populärwissenschaftlichen Vortrag geraten, der aufgrund seines humorvollen Charakters als Comedy eingruppiert worden ist. Oder eine Liebhaberin des Stand-ups findet sich plötzlich aus demselben Grund auf einem Jazzkonzert wieder, wonach ihr an diesem Abend vielleicht nicht der Sinn stand. Aber weil der Bandleader für seinen launigen Moderationsstil bekannt ist, fand sich das Konzert unter dem fragwürdigen Label wieder.

Neben den Getriebenen, Unverbesserlichen des Humors findet sich auf der anderen Seite des Spektrums eine große Gruppe von Dünnbrettbohrern, ja geradezu Schwarzfahrern. Ihr primäres Ziel scheint es zu sein, keiner geregelten Erwerbstätigkeit nachgehen zu müssen, und ihr Weg ist die Komik. Im Kern teilen sie die abschätzige gesellschaftliche Einstellung zum Humor, indem auch sie ihr Gewerbe keinesfalls für eine ernst zu nehmende Form künstlerischen Ausdrucks halten. Die Weiterentwicklung komischer Ausdrucksformen, der eigene künstlerische Fortschritt, die Beziehung zur komischen Kunst der Vergangenheit – all das ist ihnen egal. Hingegen ist ihnen absolut jedes Mittel recht, um Lacher bei ihrem Publikum zu erzielen: Witze über Schwächere, Schwiegermutterwitze, Grimassieren, harmloses Politiker-Beschimpfungs-Kabarett, Verächtlichmachung des anderen und nicht zuletzt, immer wieder gerne genommen: der Fick- und Fäkalhumor (Ka-Pi-Fu).

Eine Vielzahl von ihnen firmiert übrigens unter der entlarvenden Bezeichnung »Humoristen«. Selten findet man bei Angehörigen einer Gruppe, die man mit dem Suffix »-isten« beschreiben kann, angenehme Menschen. Humoristen sind für den Humor das, was der Melker für Viehzucht und Artenvielfalt ist. Humoristen nehmen sich ein Thema, an das sie fest annapfen, und melken jeden Tropfen erwartbarer Komik aus diesem Thema, bis selbst der letzte Zuschauer in ihrer letzten Vorstellung nicht mehr darüber lachen kann.

Das Problem an den Humoristen ist die Art ihres Kommunikationsangebots an das Publikum. Sie suchen keine neue Wahrheit, sie wollen nicht verwirren, wie sich das für guten Humor gehört, sondern sie wollen ihrem Publikum nur so schnell und schmerzfrei wie möglich vielzahliges »Ablachen« ermöglichen, so wie das Schnellrestaurant[61] die Mägen seiner Kunden mit konfektioniertem Angebot zu füllen verspricht.

Von anderen komischen Künstlern verachtet, finden diese Protagonisten von Comedy dennoch mit ihren Mitteln ein breites Publikum. Und da für die Wahrnehmung des Humors ohnehin ausschließlich das Gebiet der sogenannten »leichten Muse« bereitsteht, nehmen diese Publikumslieblinge dort einen breiten Teil der öffentlichen Aufmerksamkeit ein. So aber tragen sie zur Zementierung der gesellschaftlichen Stellung des Humors bei. Denn ihre Komik ist weitgehend frei von künstlerischen Impulsen und ohne jede reflektorische Tiefe, sodass die Ausgrenzung komischer Kunst aus dem gesellschaftlichen Kanon oft mehr als gerechtfertigt scheint. So trägt das, leider und völlig zu Unrecht, alles komische Schaffen einschließende Etikett »Comedy« zum weiteren Verfall des Humoransehens bei. Während ein schlechter Kriminalroman niemanden dazu verleiten würde, die Kunstform des Romans zu verachten, muss der humorvolle Künstler es sich gefallen lassen, in einem fort mit allen

---

61 Gemeint sind MacD u. a. Warum spricht man heute nicht mehr vom Schnellrestaurant? Diese Bezeichnung klingt genauso ungemütlich und geschmacklos wie das, was sich dort abspielt. »Fast Food« und alle anderen Amerikanismen lenken nur ab von der Abscheulichkeit dieser Orte.

möglichen fleischgewordenen Lachsäcken und Flach-
zangen gleichgesetzt zu werden.

Das also sind die apokalyptischen Reiter komischer Kunst in Deutschland: die Kritik, die sich so
stark auf Ernst gründet, dass sie die Subversion der
Komik nicht zulassen kann, die humorlosen Künstler,
die das Fehlen von Humor in ihren Werken zu einer
ästhetischen Entscheidung stilisieren, und die Humor-
hechler und -häcksler, die alle Vorurteile der Vorge-
nannten über komische Kunst nur bestätigen.

ZWISCHENRUF 2:
EINE POINTE VERSCHWINDET

1917 legte Marcel Duchamp ein Pissbecken (heute
würde man sagen: aus dem Baumarkt) auf ein Podest,
nannte es »The Fountain« und signierte es mit dem
Namen R. Mutt, einer in jenen Tagen sehr populären
Zeitungscomicfigur. Dieser R. Mutt war ein typischer
Gernegroß. Eine Witzfigur, die sich ständig an hoch-
trabenden Projekten versuchte, dazu ein abgerissener,
armer Tramp, wie ihn Charlie Chaplin in seinen Filmen oft porträtiert hat.

Marcel Duchamp hat diese Signatur damals wohl
kaum zufällig gewählt. »Seht her«, wollte er wohl sagen, »der Künstler macht einen Witz. Auch und nicht
zuletzt über die Kunst und den Künstler als solches.«

Die meisten seiner Zeitgenossen werden über

diesen seltsamen »Springbrunnen« den Kopf geschüttelt haben, manche, verständigere Leute haben vielleicht gelacht, und nicht wenige haben sich seit 1917 darüber empört: »Das ist doch keine Kunst!«

Mittlerweile wird dieser Witz des Dadaisten Duchamp ernst genommen. Heute lachen allenfalls noch die Unverständigen im Publikum. Die Verständigen dagegen werden zu langen, weitschweifigen Erklärungen ausholen. Denn das Readymade in der bildenden Kunst ist mit diesem Werk (?) erfunden (?) worden. Statt, wie es richtig wäre, »The Fountain« mit »Der Springbrunnen«, »Die Quelle« oder witziger noch mit »Der Trinkbrunnen« zu übersetzen, nennt man das Werk im Deutschen nun hochtrabend »Die Fontäne«. Auffällig an all den sachverständigen Erklärungen der Kunstliebhaber ist es, dass die seltsame Signatur des Werks, die eine eindeutige Verbindung zum Humor schafft, mit kaum mehr einer Silbe erwähnt wird. Ironie ist nun nicht mehr erlaubt. Dem Ausstellungsstück ist durch die kunstgeschichtliche Kanonisierung, durch die Verpflanzung aus den Regalen von Praktiker & OBI ins Museum, eine Aura von Wichtigkeit zugewachsen, die einen humorvollen Umgang damit längst verbietet.

Die Wahrnehmung von Humor und Ernsthaftigkeit als Gegenpole ist eine noch schlimmere Fehlwahrnehmung. In seinem Film *Verbrechen und andere Kleinigkeiten* schlägt Woody Allen die Formel vor: »Humor ist Tragödie plus Zeit«, auch wenn umstritten ist, ob diese Formel möglicherweise sogar schon von Mark Twain kommt. Der radikale Komiker Lenny Bruce hatte einen ähnlichen Vorschlag. Er sagte: »Satire ist Tragödie plus Zeit.« Der lustigste Formelvorschlag kommt hingegen von Mel Brooks: »Tragödie ist, wenn ich mir in den Finger schneide. Komödie ist, wenn du in eine Jauchegrube fällst und stirbst.« Hier wollen wir eine erweiterte Formel vorschlagen: Humor ist Tragödie mal Abstand. Das heißt, jede Form von Abstand geht in die Formel ein: zeitlicher, räumlicher, sozialer. Je kleiner der Abstand und je kleiner die Tragödie, desto kleiner ist notwendigerweise auch der Humor.

Auffällig und unbestritten ist jedoch unter Experten wie Twain, Allen und Bruce, dass Tragödie eine essenzielle Rolle bei der Gewinnung von Komik spielt. Ist einer der Faktoren null, ist auch das Ergebnis null. Somit ist für eine humorvolle Äußerung stets die Schaffung eines zumindest minimalen Abstands unverzichtbar, insofern auch meist eine beginnende Reflexion der zugrunde liegenden Tragödie. Für den bierernsten Blick auf die Dinge ist solches nicht notwendig. Wir fühlen lieber mit dem Helden des Dramas. Hingegen deutet nichts darauf hin, dass Ernsthaftigkeit zur Schaffung von Humor notwendigerweise entfernt werden müsste. Man könnte sogar sagen, dass der humorvolle Umgang mit einer tragischen Situation immerhin ein Mindestmaß an geistiger Durchdringung erfordert, während dies bei einem ernsten Umgang mit dieser Art von Situationen keine Voraussetzung ist, insofern also beim Umgang mit Tragödie sogar die Ernsthaftigkeit des Humors wahrscheinlicher ist als die Ernsthaftigkeit des Ernstes.

Doch ist es wegen der Hartnäckigkeit des Vorurteils mangelnder Ernsthaftigkeit im Humor vielleicht lohnend, ein Körnchen Wahrheit darin zu suchen? Die Erfahrungen mit sonstigen Vorurteilen würden dem widersprechen, da Vorurteile faktisch in der Regel ausschließlich etwas über ihre Verbreiter und nichts über ihre Zielobjekte aussagen.[62] Dennoch wollen wir feststellen, dass Humor zumeist überkommene Werte infrage stellt. Nur die niederste Form des Humors, das Lachen der Starken über die Schwächeren, die auch gemäß unserer oben genannten Formel den geringsten Humorgewinn erzielen wird (schon weil die Tragödie des Stärkeren meist von erträglichem Ausmaß ist), nur diese Form des Humors ist potenziell erhaltend, also konservativ. Alle anderen Formen melden jedoch Zweifel, wenn nicht sogar Kritik an den bestehenden Verhältnissen an.

---

62 Es ist für die Position des Verbreiters meist sogar hilfreich, keinerlei persönliche Kenntnisse über die von ihm beurteilte Position zu haben, das berühmte »von jeglicher Faktenkenntnis ungetrübte Urteilsvermögen«. Sartre hat diese Problematik umfassend in seinem Essay zum Antisemitismus behandelt.

XIII. Das ewig Nicht-Weibliche?

Wir nähern uns einem schwierigen Exkurs, vor dem wir uns aber nicht feige wegen seiner Schwierigkeit drücken wollen: der männlichen Dominanz auf dem Gebiet des Humors. Viele Frauen lachen gern und womöglich sogar weitaus häufiger als der durchschnittliche männliche Mensch. Aber haben solche Heiterkeitsäußerungen tatsächlich immer mit dem zu tun, was wir landläufig unter Humor verstehen? Hat sich unter Frauen die soziale Funktion des gemeinsamen Lachens als konfliktvermeidender Verhaltenskodex im Gruppenverhalten stärker herausgebildet, als das bei Männern der Fall ist? Lachen Frauen nicht nur »über jeden Scheiß«, sondern lachen sie nicht oft auch schon, wenn bis dahin noch nicht mal von irgendeinem »Scheiß« die Rede war?

Das Verhältnis auffallend komischer Frauen zu komischen Männern ähnelt proportional wohl dem zwischen Mathematikerinnen und Mathematikern, wobei Letztere sicher exaktere Berechnungen anstellen könnten. Versuchen Sie es selbst: Zählen Sie in

rascher Folge zehn ihnen als wirklich komisch bekannte Menschen auf und bestimmen Sie danach die
Frauenquote. Charlie Chaplin, Karl Valentin, Karl
Kraus, Kurt Tucholsky, Buster Keaton, Mark Twain,
James Thurber, die sechs Monty Pythons, Woody
Allen, Mel Brooks, die Farrelly-Brüder, die Coen-Brü-
der, die Marx Brothers. Sicher wird jeder etwas aus-
zusetzen haben an dieser Aufzählung: jener sei nicht
wirklich komisch, dieser sei geschmacklos. Aber wie
auch immer man die Kriterien aufstellt, wenn man
die Weiblichkeit nicht als erstes Merkmal auswählt,
wird solch eine Liste schnell männlich dominiert sein.

Wollen wir uns die Frage gestatten, warum der
Humor zumindest bisher ein knabenwendiges[63] Phänomen ist? Wagen wir uns auf das Schlachtfeld der
Ungleichheiten zwischen den Geschlechtern, auf dem
doch so zahlreiche verbitterte Schlachten schon geschlagen wurden und auf dem gerade der Humor
so zahlreiche Niederlagen hinnehmen musste? Na
klar![64]

---

63 Ein schöner alter medizinischer Ausdruck, der ausdrücken
soll, dass von dieser oder jener Krankheit mehr Jungs betrof-
fen sind.

64 Diesbezüglich eines der kuriosesten Beispiele ist sicherlich die
Geschichte des Schriftstellers Simon Borowiak, der als Frau
geboren wurde und sich im Erwachsenenalter zum Mann wan-
delte. Seine als Frau veröffentlichten Bücher wurden hochge-
lobt, weil hier eine Frau mit einem einmaligen Sinn für Humor
am Werk sei. Man vermutete schon, den Gegenbeweis gegen

Als erster Grund muss die Ungleichberechtigung und Unterdrückung der Frauen in der Gesellschaft angeführt werden. Wenn die Frau allein verantwortlich für einen Haushalt und sieben Kinder ist, diese Leistung nicht vergütet oder auch nur anerkannt bekommt und geschlechtsbedingt als mental unterentwickelt eingeschätzt wird, dann kann sie selten auf die Idee kommen, irgendeine Art von Kunst zu machen, falls sie darauf kommt, wird sie kaum die Gelegenheit haben, Kunst zu produzieren, und im unwahrscheinlichen Fall, dass sie dennoch Kunst erschaffen hat, wird diese Kunst höchstwahrscheinlich kaum oder nicht wahrgenommen werden. Es muss also nicht besonders lange darüber nachgegrübelt werden, warum es vor dem 20. Jahrhundert wenige bekannte humorvolle Künstlerinnen gegeben haben mag, es gab einfach wenige Künstlerinnen.

Mit der beginnenden Gleichstellung von Frauen kam es zwar zunehmend zu Veröffentlichungen von Künstlerinnen, aber wer das Obenstehende[65] zumin-

biologistische Humorvorstellungen gefunden zu haben. Endlich gab es den Beleg, dass durch die Befreiung der Frau auch ihr Beitrag zum Humor ganz natürlich wachsen würde. Wie gesagt, Simon Borowiak lebt heute als Mann. Seine Bücher sind komisch geblieben.

65 Gemeint sind alle vorangegangenen Kapitel, nicht nur dieses hier.

dest auszugsweise mehr als überflogen hat, dem sollte klar sein, warum die Frauen sich noch weniger als die Männer auf das Feld humorvoller Kunst wagten, ja es mutmaßlich sogar mieden. Denn wir haben uns redlich bemüht zu zeigen, dass Mann sich durch Humor mit hoher Wahrscheinlichkeit aus der öffentlichen Wahrnehmung als Künstler verabschiedet. Warum also sollten die frühen Pionierinnen, deren Schritte auf dem Parkett der Kunst zögernd akzeptiert wurden, sich sofort als gekonnte Stolperinnen ausweisen? Warum sollten sie die ihnen so lange verwehrte Eintrittskarte dazu benutzen, den Ball zu verlassen?

Nachdem die Emanzipationsbewegung eine Reihe erfreulicher Erfolge erringen konnte, gibt es in vielen früher männlich dominierten Feldern messbar angestiegene Frauenzahlen. Das betrifft die Politik, die Medizin, die professionellen Küchen, den Sport und vieles andere. Es betrifft auch die Literatur, die Musik, die bildende Kunst, die darstellenden Künste. Aber es betrifft noch sehr wenig und überproportional wenig[66] die humorvollen Spielarten der Künste. Warum? Wir vermuten, dass es mit der Rolle des humorvollen Künstlers zusammenhängt. Erfolgreiche Künstler – nicht nur die humorvollen – sind Vermittler. Es gelingt

---

66 Oder heißt es dann unterproportional? Mal die Mathematiker fragen, die ja auch viel zu wenige Frauen in ihren Reihen haben.

ihnen, dem Publikum Dinge zu zeigen, von denen einzelnen Menschen im Publikum nicht bewusst war[67], dass es sie gibt. Die Schönheit der Welt, die Tragödie unserer Existenz, die Härte des Daseins, das Wunder des Lebens – all das können uns Kunstwerke zeigen. Doch wir lieben die Kunst nicht dann, wenn wir vor ihr stehen und zu ihr wie zu einem Monument aufschauen müssen, wir lieben sie, wenn sie uns selbst diese Erkenntnisse verschafft, wenn sie in uns Töne anschlagen kann, wo wir nicht einmal wussten, dass da Saiten waren.

Aber was bewirkt humorvolle Kunst in uns? Humorvolle Kunst öffnet uns sanft die Augen für eines der schrecklichsten Geheimnisse des menschlichen Lebens: seine Sinnlosigkeit. Wir kommen aus dem Staub und werden Staub, der Erdball hat Millionen Jahre vor uns existiert und wird Millionen Jahre nach uns existieren, sobald man die Sache nüchtern betrachtet, ist alles vergeblich. Das kümmert den Hund nicht und nicht den Igel. Es ist dem Quastenflosser egal, dessen Vorfahren ein paar Jahrzehntausende älter sind als die Menschen, und sosehr der letzte Dodo an seiner eigenen Existenz gehangen haben wird, so wenig wird ihm die Ewigkeit bedeutet haben. Nur der Mensch schert sich um die Ewigkeit. Das ist anstrengend, tragisch und aussichtslos – und darum ist es lustig. In der Tat

---

67 Nie gewusst, noch nicht gewusst, noch nie drüber nachgedacht, längst vergessen.

war die Figur des Narren lange ein Symbol der Vergänglichkeit. Im alten Rom lief bei den Triumphzügen ein besonders grotesk aussehender Sklave direkt hinter dem Kaiser, um die Vergänglichkeit alles Weltlichen zu zeigen.[68]

Wenn wir uns schon mit einer solch betrüblichen Wahrheit beschäftigen, dann wünschen wir uns zumindest Schutz. Diesen bekommen wir dadurch, dass die humorvollen Künstler als Vermittler dieser Wahrheit sich zunächst zu ihrer eigenen Lächerlichkeit bekennen. Denn wie schrecklich wäre es, mit solchen Dingen aus der Position der Stärke, gewissermaßen als Soldat auf dem Kasernenhof, konfrontiert zu werden? Aber der Hofnarr, der Clown, der Stolperer, der mit einem lustigen Hut bekleidete Komiker – sie alle verdeutlichen uns noch vor ihrem ersten Scherz, dass sie ihre eigene Existenz nicht übermäßig ernst nehmen, und laden uns dazu ein, es ihnen gleichzutun. Das sich lichtende Haupthaar, die Unreinheiten der Haut, die merkwürdigen Versprecher und Misserfolge des Lebens – was die meisten Menschen in ihrem Leben täglich zu verbergen und übertönen suchen, sind wichtige Quellen des Humors.

Das heißt, der humorvolle Künstler muss sich hässlich machen. Er muss bereit sein, die Lächerlichkeit seiner eigenen Existenz nicht nur zuzugeben, sondern sich tief in diese hineinzubegeben, darin zu wühlen,

68 Sic transit gloria mundi.

ja, sie schamlos zu übertreiben. Und das ist – machen wir uns nichts vor – zutiefst unweiblich. Darum sind komische Frauen selten für ihre Schönheit bekannt. Sicher sehen Anke Engelke, Sarah Silverman oder Ingrid Steeger gut aus, aber bekannt sind oder wurden sie nicht für ihre Schönheit, sondern für ihre gewissermaßen unweiblichen Züge.

Zweifellos ist das weibliche Streben nach Schönheit vor allem sozial bedingt. Schon kleine Mädchen werden dafür gelobt, dass sie hübsch und adrett sind, während man gleichaltrige Jungs ob ihrer Schlauheit und Geschicklichkeit preist. Während Männer mit Glatze und dickem Bauch frei umhergehen können, wird sich eine Frau mit Haarausfall nur selten barhäuptig zeigen. Während noch die hässlichsten Politiker ungestört in die Mikrofone sprechen und ihre Äußerungen sachlich erwogen werden, wird man bei Politikerinnen durchschnittlichen Aussehens ständige Kommentare über ihr Äußeres hören können. Und so gehen diese gesellschaftlichen Prägungen in Fleisch und Blut über, beginnen Frauen sich auch gegenseitig am Äußeren zu messen und streifen so einander und sich selbst die Ketten der Unterdrückung durch Äußerlichkeiten über. Aber leider ist es kaum möglich, gleichzeitig beeindruckend schön und wirklich komisch zu sein. Wenn man von der Bühne tritt, kann man dem Publikum nur entweder als schöne oder als komische Frau in Erinnerung bleiben.

Auch ist die relative männliche Unbekümmertheit bezüglich äußerer Schönheit sozial bedingt. Jungs sollen stark sein, nicht weinen, ihren Mann stehen, Geld verdienen, so was. Frisur und Kleidung kommt dabei allenfalls nachrangige Bedeutung zu. Gleichzeitig bevorzugen sich Männer seit Jahrhunderten gegenseitig schamlos bei der Verteilung jeglicher gesellschaftlicher Güter. Und so wie der Reiche den Verlust von hundert Euro mit einem säuerlichen Lächeln verschmerzen kann, während der Arme den Verlust derselben Summe sehr beklagen wird, kann natürlich der Mann als gesellschaftliches Wesen mit viel größerer Leichtigkeit vorübergehend auf Attribute seiner Privilegiertheit verzichten als die Frau, die sich mühevoll an den Tatbestand einer Gleichberechtigung heranarbeitet.

Nachdem wir uns nach eigenem Empfinden relativ elegant aus der Affäre gezogen haben, wollen wir noch einen Tangoschritt wagen, um vielleicht doch in den einen oder anderen Fettnapf zu treten, schließlich ist Fett gut für das Schuhleder, und Menschen, die auf das Betreten noch des kleinsten Fettnäpfchens verzichten, kommen wegen des sich beständig verschlechternden Zustandes ihrer Schuhe am Ende auch nicht sehr weit.

Die Psychologin und Komikerin Nicole Force hat die verfügbaren Forschungsergebnisse über den Geschlechtsunterschied beim Humor zusammengetragen[69] und kommt zu dem Schluss, dass die Kenntnis dieses Unterschieds von großem Vorteil im Zusammenleben von Männern und Frauen sein kann. Denn obwohl das Humorverständnis und die Wertschätzung für Humor bei Männern und Frauen in verschiedenen Aspekten vergleichbar ist, lachen doch Männer und Frauen lieber über Männer als über Frauen, wie der Forscher Robert Provine in einer Untersuchung von 1200 spontanen »Lachepisoden« zeigen konnte. Provine wies auch nach, dass Frauen zwar in Kontaktanzeigen gern Männer suchen, die sie zum Lachen bringen, jedoch viel seltener damit werben, selbst lustig zu sein. Männer und Frauen geben zwar an, humorvolle Partner zu suchen, damit meinen die Frauen jedoch »jemand, der mich zum Lachen bringt«, und die Männer häufiger »jemand, der über meine Witze lacht«.

Alice Schwarzers *Emma* vertrat in einem Disput über die Unterschiede von männlichem und weiblichem Humorverhalten vor vielen Jahren die, jeder näheren Erforschung noch immer harrende, aber hier zu erwähnende These, weiblicher Humor funktioniere nicht nach dem männlichen System, wo zur Humorgewinnung Widersprüche eskaliert werden, um sich schließlich explosiv in einer Pointe zu entladen. Der weibliche Humor beruhe vielmehr (Frauensolidarität!) auf einem prozesshaften Miteinander-Lachen,

69 Nicole Force: *How and Why Humor Differs Between the Sexes*, in dieselbe: *Humor's Hidden Power: Weapon, Shield, and Psychological Salve*, Braedon Press 2011

anstatt sich vornehmlich an punktuellen Lachanlässen zu orientieren. (Man beachte dabei die subtile Analogie zu den damals auch ausgiebig diskutierten Differenzen der männlichen und weiblichen Erregungszustände im geschlechtlichen Beieinander.)

Unbestreitbar gibt es im Tierreich bestimmte Muster des Paarungsverhaltens. Bei nicht wenigen Tierarten sind die männlichen Tiere äußerlich prächtiger und ziehen die Weibchen durch ihr Balz-Verhalten an. Bei anderen dominiert die ständige Nachstellung, bis ein Weibchen sich schließlich willig zeigt. Die Frage ist nun, ob die Pracht der Frau und das Imponiergehabe des Mannes in gewisser Hinsicht auch biologische Urzeitüberbleibsel im Verhalten des Homo sapiens sind. Humor ist in der Phase des Kennenlernens ein Nachweis von Geist und Intelligenz, der möglicherweise Millionen Jahre alt ist. Denn Humor ist auch etwas Intimes. Denken wir an den Vorschlag Bergsons: »Humor ist, was Lachen hervorbringt.« Das ist nicht wahr, weil auch mechanisches Kitzeln ein Lachen hervorbringt, und das bei Menschen, Affen und Ratten. Aber wenn wir uns Humor als geistiges Kitzeln vorstellen, verstehen wir auch die Spannung zwischen Intimität und Fremdheit des Humors. Denn so wenig wir uns selbst kitzeln können, so wenig können wir auch darüber lachen, wenn ein fremder oder unsympathischer Mensch an uns Kitzelbewegungen ausführt. So ist Humor womöglich ein genetisch verankertes Verhalten. In diesem Fall spräche einiges dafür, dass die humorvollen Frauen in der Minderheit gegenüber ihren männlichen Kollegen bleiben.[70]

70 Im Nebenschluss soll hier auch die These angeführt werden, dass dies auch der Grund sein könnte, warum Männer möglicherweise auch längerfristig Chefpositionen bekleiden werden. Viele Chefpositionen sind, so wie sie heute strukturiert sind, einfach blöde Jobs, die eine Person ohne genetisch verankerten Hang zum Imponiergehabe schlicht nicht erstrebenswert finden wird.

XIV. Wer ist humorvoll?

Es ist letztendlich unmöglich, den humorvollen Menschen zu definieren. Es gibt ihn in so vielen verschiedenen Spielarten und Formen, dass man die Hände von einem solchen Unterfangen lassen sollte. Bedienen wir uns stattdessen der negativen Definition, eines in der Logik üblichen Mittels, wenn das zu Definierende nicht klar abzugrenzen ist. Hinzu kommt, dass Humor wie so viele menschliche Eigenschaften eine dimensionale und keine kategoriale Eigenschaft ist: Es geht nicht um die Frage ja oder nein, sondern die einen haben davon mehr, die anderen weniger. Umso mehr eignet sich die negative Definition, die Annahme eines weitgehend humorfreien Menschen, um uns der Begriffserklärung zu nähern. Fragen wir uns also, wer nicht humorvoll ist.

Eine wichtige Wesensart, die humorlose Menschen miteinander verbindet, ist ausgerechnet jene, dass sie sich selbst für ungeheuer humorvoll halten.[71] So erzählen humorlose Menschen unheimlich gern Witze, rühmen sich, dass sie unheimlich gewiefte Witzeerzähler seien, und kündigen beides auch gern weit im Vorfeld an. Sie erzählen dann – es gibt nichts und niemand, der sie daran hindern kann, sie würden ihre Pointe noch dann fertig erzählen, wenn sie beim Reden versehentlich von einem Abhang stürzen und im freien Fall fertig erzählen müssten – einen Witz, der auf allen Humor im Umkreis von gleicher Wirkung ist wie die Neutronenbombe auf organisches Leben.[72]

Humorlose Menschen lieben Humor! Sie erklären das frank und frei, meistens als Vorbemerkung dafür, warum sie den gerade ausgebrochenen Un-Ernst nicht teilen mochten. Denn humorlose Menschen sind der Meinung, dass Humor an bestimmte Orte zu bestimmten Zeiten gehört. Dass Humor gewissermaßen eine

71 Sie erinnern an einen der unzähligen grandiosen Cartoons aus dem *New Yorker*: Ein Mann steht im Kinderzimmer, alle Kinder sind offensichtlich geflohen und schauen nun ängstlich zu ihm hinüber. Im Türrahmen sagt seine Frau zu einer Freundin: »Peter kann unheimlich gut mit Kindern umgehen, nur die Kinder wissen davon nichts.«

72 Exemplarisch lässt sich das in der BBC-Comedy *The Office* erleben, deren Handlungsmuster darauf beruht, dass der britische Komiker Ricky Gervais als Abteilungsleiter David Brent sein gesamtes Büropersonal fortgesetzt mit ebensolchem Hang zum Humor terrorisiert. Aus Pflichtgefühl muss die anwesende Belegschaft darüber lachen, aber danach ist nichts mehr möglich. Keine scherzhafte Bemerkung, keine Satire, kein flottes, freundliches Gespräch. Danach ist eine Weile nur Schweigen, und man muss warten, bis die giftige Wirkung des Witzes endlich verflogen ist.

Arbeitszeit und einen Feierabend hat und dass er während der so definierten Sperrzeiten nicht anzutreffen sein darf. Überhaupt ist für die Humorlosen der Humor auch immer ein klar erkennbares, abgrenzbares Phänomen, mit einem Etikett versehen, mit klar definiertem Anfang und Ende. Gern ist das zum Beispiel der Witz, aber auch der Sketch. Der Schwank, die Karikatur, das Kabarett sind Formen, in denen Humorlose jeden Humor akzeptieren können. Da wo die komischsten Konstellationen verborgen sein können, in der Besprechung, bei der Beerdigung oder am Krankenbett, lehnen die Humorlosen den Humor ab. Hier können, hier wollen sie nicht lachen.

Überhaupt ist das Lachen der Humorlosen nicht als spontane Äußerung misszuverstehen, als eine stetig in der Luft liegende Äußerung des menschlichen Wesens, die so wie Gefühle von Schmerz oder Wut jederzeit durch eine zu diesem Gefühl passende Situation ausgelöst werden kann. Das Lachen der Humorlosen liegt wie ein alter Portwein in einem wohlverschlossenen Keller, in den man hinuntersteigt, dort sein Lachen kurz herauslässt, sich schüttelt, die Flasche hernach wieder gut verschlossen im Keller deponiert und dann nach oben in seine gute Stube zurückkehrt. Das Lachen der Humorlosen klingt oft hölzern und perfektioniert, vor allem aber klingt es immer gleich. Sie kennen kein versehentliches kleines Grinsen über eine lustige Situation, ein Losprusten über die eigene Dummheit, kein Gickern über einen nicht enden wollenden Spaß unter Freunden, kein glückliches Lächeln über eine gelungene Satire. Sie haben ein Lachen, das sie wie ein Kostüm überziehen können, oder sie haben nichts.[73] Im Übrigen hat die Gesichtsausdrucksforschung diese Lacher vollkommen enttarnt: So gelingt den Probanden vielleicht die Imitation der Atem- und der Mundbewegungen, aber es sind die Augen, die sich nicht freuen können. Kein Wunder, dass Forscher vermuten, dass dieses falsche Lachen krank machen kann, weil es eine Maske und nicht der Ausdruck eigener Gefühle ist.[74]

Augenfällig ist in diesem Zusammenhang, dass gerade humorlose Menschen oft durch andere öffentlich ihres feinen Humors wegen gerühmt werden: »Herr Apels ist den meisten von Ihnen sicher als harter Hund bekannt, und es stimmt, dass er in seiner Laufbahn zehnmal so viele Mitarbeiter entlassen wie angestellt hat, dass er andere Menschen grundlos anschreit und erniedrigt und dass er kleine Kinder schlägt. Aber: Ich kenne Wilhelm Apels eben auch als den Mann, der vor kaum 25 Jahren einmal herzlich

---

73 Ausgesprochen mit einer heftigen Betonung und unterstrei-
chenden Kopfbewegung, so wie Herbert Wehner zu Ernst
Dieter Lueg im legendären Interview am Wahlabend 1982:
»Ich weiß nichts und Sie wissen nichts, Herr Lüg.« Darauf
Lueg: »Vielen Dank für diese Zwischenkommentierung, Herr
Wöhner.«

74 Mutmaßlich nicht selten das Gegenteil.

über eine Karikatur in der Zeitung schmunzeln musste.« Sie können sich sicher sein: Wenn jemand in einer öffentlichen Würdigung als humorvoll beschrieben wird, dann ist er so humorleer, wie man sich das überhaupt nur denken kann.

Leider kann man nicht sagen, dass der Umkehrschluss gilt, das also spiegelbildliche Gegenteil uneingeschränkt auf humorvolle Menschen zutreffen würde. Wird bei einem zu Ehrenden erwähnt, dass er »auch einmal« ernsthaft sein konnte, kann das zwar auf einen humorvollen Menschen zutreffen. Genauso gut kann es jedoch auch bei dummen, albernen oder arroganten Menschen als Lob gemeint sein. Wir begegnen hier wieder dem Missverständnis Nummer eins, dem Verwechseln von Humor mit dem Gegenteil von Ernst.

Unglaublich leicht kann man übrigens humorlose Menschen an lustigen Requisiten erkennen: Furzkissen, Tröten, Wasser spritzende Blumen und angelesene Witze aus einem mit sachdienlichem Material angefüllten Buch. Das repräsentative, oft foliantengroße Humorbuch im ansonsten eher karg bestückten deutschen Bücherregal scheint eine originär deutsche Erfindung, die sich hierzulande über fast hundert Jahre auf dem Markt behaupten konnte.

Während sich komische Menschen auf die Situation verlassen, diese häufig unterlaufen und vielleicht auch verändern, verkleiden sich humorlose Menschen, setzen sich die Maske des Witzes auf und spielen Humor. Der amerikanische Komiker Ed Wynn hat es so formuliert: »Ein Komiker ist niemand, der komische Dinge sagt, ein Komiker sagt Dinge auf komische Weise. Zum Beispiel ist ein Komiker niemand, der eine lustige Tür öffnet – ein Komiker öffnet eine Tür lustig.«

Wenn man sich trotz all dieser Hinweise nicht sicher sein sollte, kann man zur Not immer den unfehlbaren Schnelltest anwenden: Man fragt den Betreffenden, ob er denn nicht mal einen Witz erzählen könne. Je schneller das Gegenüber sich jetzt anschickt, einen Witz zu erzählen, desto ausgeprägter dürfte seine Humorlosigkeit sein.

XV. Vom Umgang mit komischen Menschen

Prinzipiell gibt es zwei verschiedene Arten komischer Menschen: die professionellen und die echten. Als Anhaltspunkt für das Verständnis dieser Unterteilung diene, dass es sich beim Humor um eine menschliche Regung vergleichbar der Liebe handelt. Das wiederum soll heißen, dass man sich bei den professionell komischen Menschen keine besonderen Gedanken über den Umgang mit ihnen machen muss, allenfalls beachte man, dass jene in der Wirklichkeit oftmals gar keine komischen Menschen sind und dass sie insofern jeglichen Humor abseits der Bühne verabscheuen. Das bisschen Humor, das diese Menschen in sich tragen, verschleudern sie in der Regel in ihren Büttenreden, Festansprachen, Auftritten oder klamaukigen Filmchen. Im Alltag sind sie oft besonders humorlos, denn für ihre Freizeit bleibt ihnen kein Quäntchen Humor mehr übrig. Sie sind im alltäglichen Umgang oft unfreundlicher als die gestresste Sachbearbeiterin, die all ihren Kunden vorab erklärt, keinen Humor zu haben, aber dennoch über eine komische Situation freundlich grinsen kann.

Die Professionellen haben Humor in ihrer Freizeit so gern wie eine Prostituierte One-Night-Stands nach Feierabend. Sie sind griesgrämig, schlecht gelaunt, berechnend und nörglerisch. Sollte ihnen etwas Komisches unterkommen, lehnen sie es übellaunig ab und verweisen, wenn man bei einem Disput an ihren Humor appelliert, auf ihr nächstes Bühnenprogramm. Wer mit ihnen lachen will, muss dafür bezahlen. Das mag kompliziert klingen, ist es in Wirklichkeit aber nicht. Man tut einfach so, als habe man einen humorlosen Menschen vor sich, und schon sind Fehler ausgeschlossen.

Wirklich kompliziert ist dagegen der Umgang mit echt komischen Menschen. Diese Menschen mögen ein Bühnenprogramm haben, der Mittelpunkt auf Partys sein oder sonst wie als komisch imponieren, aber sie sind auch in ihrer Freizeit so. Sie können über komische Situationen an der Kaufhaus-Kasse lachen, sie machen Witze im Klassenzimmer oder lachen auf Beerdigungsfeiern. Es gibt keinen Grund, sie deshalb zu achten oder zu verdammen, sie haben keinerlei Wahl. Sie haben gelacht, bevor sie laufen konnten, und werden mit einem Scherzwort über sich selbst ihr Dasein beenden, wenn ihnen die Zeit dafür bleibt.[75] Humor ist bei ihnen mehr oder weniger fest verankert. Das ist keine Fertigkeit, die sie sich in irgendeiner Weise erarbeitet haben.

Welche Schwierigkeiten kann es nun im Umgang mit ihnen geben? Die erste und wichtigste Schwierigkeit haben wir schon im Kapitel »Ernst und Ernsthaftigkeit« verhandelt: zu glauben, die echt humorvollen Menschen wären nicht ernsthaft. Wenn ein Mensch auf humorvolle Art Komplimente macht, meint er in der Regel damit nicht das Gegenteil.[76] Wenn dieser Mensch böse Witze über eine politische Partei macht, will er damit nicht heimlich zum Ausdruck bringen, dass er diese Partei in Wirklichkeit wählen geht. Es sei hier noch einmal gesagt, weil man es nicht oft genug sagen kann: Humor und Ernsthaftigkeit sind ebenso wenig Gegensätze, wie es Liebe und Hass sind. Das Gegenteil von Liebe ist Gleichgültigkeit, und das Gegenteil von Humor ist Humorlosigkeit. Wenn aber echt komische Menschen bemerken, dass man sie aufgrund dieser Charaktereigenschaft nicht ernst nimmt, können sie bitter und übellaunig werden. Einerseits sind sie vergrätzt über die mangelnde Wertschätzung, andererseits sind sie wehrlos, denn wenn man sie für

75 Großartig das Video von Freund Michael Stein, tödlich erkrankt an Lungenkrebs, über seine Zweifel an der Schädlichkeit des Rauchens. Eine Broschüre über den Tabakrauch in die Kamera haltend: »Hier steht, dass nur 25 Prozent aller Kettenraucher direkt an den Folgen des Rauchens sterben. Das heißt, 75 Prozent sterben aus vollkommen anderen Gründen! 75 Prozent! Und es geht um Kettenraucher.« Sechs Wochen später starb er.

76 An dieser Stelle ein Gruß an Dutzende von Frauen, die dachten, wir machen nur Witze. Wir sind über euch hinweg, ihr Blunzen!

einen Hohlkopf hält, weil sie ihre Wahrheit in eine Pointe gekleidet haben, ist ein solches Urteil schwerlich durch das Erzählen zweier Witze zu korrigieren. Beraubt seiner wichtigsten, vertrauten Waffe, wird der echt komische Mensch mit einem vergrätzten, stillen Rückzug reagieren und in einem sardonischen Zwiegespräch mit sich selbst bittere Witze über den Angreifer auf seine Komik machen.

Der zweite wichtige Fehler, den man im Umgang mit echt komischen Menschen machen kann, ist die Verwechslung von Humor mit Fröhlichkeit. Es gibt Humor, der als Ausdruck von Fröhlichkeit dient, aber es gibt auch unzählige Arten, Ärger, Verbitterung, Wut, Enttäuschtheit und andere unfrohe Gefühle vermittels Humor auszudrücken. Daher ist es nicht nur manchmal, sondern in den allermeisten Fällen falsch, vom echt Humorvollen stete Fröhlichkeit zu erwarten. Wenn man mit diesen Menschen (aus welchen Gründen auch immer) des Öfteren zu tun hat, wird man bald feststellen, dass depressive Verstimmungen bei ihnen nicht nur häufiger sind, als man das zunächst annehmen sollte, sondern häufiger als im Bevölkerungsdurchschnitt.[77]

Einerseits ist es so, dass Humor nicht das Gegenteil von Traurigkeit ist, ebenso wie das Gegenteil von

---

77 Sollte bekannt werden als »Lache-Bajazzo-Syndrom« nach der gleichnamigen Arie des betrogenen Komödianten Canio aus der Oper *Der Bajazzo*.

Leben nicht der Tod, sondern Gefühllosigkeit ist.[78] Andererseits mag es sein, dass die komischen Menschen vielleicht tatsächlich ihre Fröhlichkeit im Humor aufbrauchen und nun kaum mehr welche für sich übrig haben, ähnlich wie der Trauernde, der keine Tränen mehr hat. Mit der unbedarften Aufforderung an den so Geplagten, »doch mal einen Witz zu erzählen«, kann man ihn unversehens in den Abgrund stoßen, an dessen schmalem Rande er bis dahin zweifelnd verharrt haben mag.[79] Denn mit dieser abscheulichen Bitte konfrontiert man ihn mit dem Fehlen an Fröhlichkeit in seinem Herzen, und andererseits bringt man ihn, den Humorvollen, in eine Situation, die mit Humor nicht zu lösen ist.

Die Traurigkeit der komischen Menschen überrascht viele. Denn viele der mäßig komischen Menschen machen nur dann Späße, wenn sie fröhlich oder betrunken sind, bei den komischen Menschen ist das nicht so. Wahre Komik lebt von Tragödie, daher sind komische Menschen dafür sehr empfindsam und

78 Zweimal von Elie Wiesel geklaut aus *Geschichten gegen die Melancholie.*

79 Die Drohung mag an dieser Stelle vielleicht ein wenig hart wirken, aber wenn auf dieser Welt nie wieder ein Mensch einen anderen auffordert, »doch mal einen Witz zu erzählen«, dann ist das noch viel zu früh. Man muss nicht mit Kanonen auf Spatzen schießen, aber wenn man wirklich sicher sein will, dass der verdammte Spatz zum Schluss tot ist, sollte man auch nicht mit einem selbst gebauten Katapult herumdilettieren.

kosten die Tragödie gern in Gänze aus. Der komische Mensch versucht nicht, den mehr oder weniger breiten Strom von Melancholie, der sich durch das Leben eines jeden Menschen zieht, zu meiden und ihn mit gespielter Fröhlichkeit zu negieren. Nein, der komische Mensch surft mit einem grellbunten Brett auf genau diesem Fluss, egal, wie viel oder wenig Wasser er führen mag.

Der letzte Fehler, den man im Umgang mit komischen Menschen machen kann, ist falsch verstandene Selbstironie. Denn Selbstironie ist kein Striptease, sondern eine Aufforderung zum Pas de deux. Mit Selbstironie offenbart der humorvolle Mensch seine Schwächen und zeigt aber gleichzeitig auch an, bis wohin er bereit ist, über diese Schwächen zu reden. Wenn also eine humorvolle Frau von sich sagt, ihr Hintern sei wie früher zwei Hände groß, sie brauche eben heute nur größere Hände, dann will sie nicht, dass man auf so eine Bemerkung noch etwas draufsetzt, etwa die unverschämte Frage, ob sie denn schon eine Postleitzahl für ihren Hintern beantragt habe. Die richtige Reaktion ist es, selbstironisch auf eine eigene Schwäche hinzuweisen oder der humorvoll vorgebrachten Selbstkritik energisch zu widersprechen. Würde dieselbe Frau freundlich fragen, ob sie in diesem oder jenem Kleidungsstück füllig aussähe, würde auch kein höflicher Mensch »aber richtig fett!« antworten. Freundlich widerspräche man und würde dann galant das Thema wechseln. Genauso ist das mit der Selbstironie, sie ist freundliche Koketterie, und das Präfix »Selbst« im Wort weist darauf hin, dass es niemand anderem gestattet ist, in dieses Horn zu blasen.

Wenn man diese Regeln im Umgang mit den echt Humorvollen beachtet, steht nichts einer langen, tief empfundenen Freundschaft mit diesen Menschen entgegen.[80]

80 Aber die traurige, aus den Zeilen klar erkennbare Wahrheit ist doch, dass es keinem Menschen auf dieser Welt gelingen kann, all diese Regeln zu beachten. Man soll keine Witze machen und nicht so richtig lachen und andererseits aber auch nicht humorlos sein, obwohl man mit sehr viel Traurigkeit umgehen muss. Daran verzweifelt auf Dauer auch noch der bemühteste Partner, sodass das unvermeidliche Schicksal des Komödianten die Einsamkeit ist. Lache, Bajazzo!

XVI. Und was sollte jetzt der ganze Blödsinn?

Viel haben wir oben den Humor gelobt und auf mögliche Unzulänglichkeiten des Ernstes hingewiesen. Doch so wie die Grenzen nicht zwischen den Völkern, sondern zwischen oben und unten verlaufen, so verlaufen auch die Grenzen der Kunst nicht zwischen ernst und humorvoll, sondern zwischen gut und schlecht. Ernst und Humor sind Methoden der Wirklichkeitsaneignung und Verarbeitung, keine Gattungen. Dennoch bestehen grundlegende Unterschiede der Methoden, die vor allem ihre Rezeption maßgeblich beeinflusst.

Henri Bergson stellt die These auf, Lachen entstehe, wenn sich eine Person kurzzeitig in eine Maschine verwandelt. »Wir lachen immer, wenn sich eine Person wie ein Ding benimmt.« Simon Critchley entwickelt diese These so weiter, dass wir im Scherz die Menschlichkeit des Menschen erkennen. Denn es ist nicht nur komisch, wenn sich ein Mensch wie eine Maschine benimmt, sondern auch, wenn sich ein Mensch wie ein vollkommen anderer Mensch benimmt, und schließlich erkennen wir, dass es komisch ist, wenn sich der Mensch wie ein Mensch aufführt. Der unvergleichliche Helmut Qualtinger hat die Essenz seines Kunstschaffens einmal mit den Worten »Ich bin ein Menschendarsteller« umrissen. Eine Beschreibung, die sich auch für die komische Kunst von Gerhard Polt und anderer großer »Kabarettisten« anbietet. (Kabarettist hier in Anführungszeichen, da dieser Begriff nicht unproblematisch ist, von vielen nicht eben als Kompliment gesehen wird und Polt nichts als Komplimente verdient hat.)

Angelpunkt der Existenz des Menschen ist sein Körper. Vor allem durch ein bestimmtes Körperteil im Schädelinneren kann er von der Unendlichkeit träumen, doch letztlich ist durch den Körper seine Endlichkeit besiegelt. In diesem Zusammenhang ist es nur logisch, dass der Hirntod von Experten als menschlicher Tod definiert wurde.[81] Wenn wir auf die

81 Notwendig wurde diese Definition, als man erkannte, dass man die Organe von Toten transplantieren könnte und nun eine brauchbare Definition dafür benötigte, wann ein Mensch tot ist, seine Organe aber noch weitgehend funktionstüchtig sind. Das heißt, man ist tot, wenn das Gehirn eine halbe Stunde keine Aktivität mehr zeigt, auch wenn Herz, Lunge, Niere, Leber usw. tadellos funktionieren. Es heißt, man lebt, wenn Gehirnaktivität nachweisbar ist, auch wenn Herz, Lunge, Leber usw. kaputt sind. Und das heißt auch, dass Gehirntransplantationen in absehbarer Zeit nicht wahrscheinlich sind, sosehr man manchen eine solche wünschen würde.

Unendlichkeit hoffen, dann sind wir gleichermaßen unser Geist. Kurz darauf stolpern wir über die Teppichkante und bemerken, dass wir unsere Körper nur *haben*. Die Art und Weise, wie wir unsere Körper *haben*, unsere ungelenken, fetten, unsportlichen, stinkenden und auch geilen, hungrigen, wütenden, ängstlichen Körper, steht im krassen Widerspruch dazu, wie wir uns sehen wollen. Wir würden uns wünschen, klug, überlegen, kühl, edel zu sein.

Das genau ist das Feld der Kunst: Das immerwährende Streben nach Geist-Sein unter dem Verdikt des Körper-Habens. Und hier verlaufen auch die methodischen Unterschiede zwischen ernster und humorvoller Kunst. »Ständig besteht für die kreativ arbeitende Person mit großen Emotionen die Gefahr, an einen Punkt zu kommen, wo etwas in ihr oder in dem entstehenden Werk zerbricht und zu einem Kichern wird. Genau hier ist der Kern des Konflikts: die sorgfältige Form der Kunst und die sorglose Lage des Lebens selbst. Was der Künstler mit diesem ungebetenen Kichern tut (das einem Schluchzen sehr nahekommen kann), entscheidet sein Schicksal«, beschreibt E. B. White[82] diesen Unterschied. So sind sich die engagierten Künstler sehr nahe. Der ernste Künstler wird immer versuchen, seinem Werk hohen emotionalen Gehalt zu geben, ohne die Grenze zum Kichern zu

82 *Some remarks on humor*

überschreiten.[83] Der humorvolle Künstler hingegen wird sich bemühen, den Humor möglichst nah an der Grenze zum Ernst verlaufen zu lassen, weil die Früchte umso süßer sind, je mehr man sich dieser Grenze nähert.

Der große Unterschied beider Methoden liegt in ihrer Wahrnehmung als Teil der Kulturlandschaft, die vor allem in den deutschen und englischen Ländern durch Rezensionen gesteuert wird. Erst in diesem Spiegel werden ernste und humorvolle Kunst auseinandergerissen. Die persönliche Kunstrezeption verläuft sehr einfach. Bei einem ernsten Kunstwerk sagt der Genießer: Hat mir gefallen, es hat mich angeregt. Bei einem humorvollen Kunstwerk muss er das noch nicht einmal sagen, weil sein eigenes Lachen verrät, dass es ihm gefallen haben muss. Für eine solche Wahrnehmung von Kunst braucht es keine Kritik. Kritik will das Verborgene zutage fördern, aber auch das Offensichtliche übersehen, will sich über das normale, affekthafte Kunstverständnis erheben. Über ernste Kunst kann er dies tun, indem er sie lobt, indem er sie unvergleichlich gut verstanden hat, indem er Dinge in ihr erkannt hat, die andere womöglich gar nicht erkennen konnten. Hingegen gibt es nichts Einfacheres, als sich über humorvolle Kunst zu erheben: Man verweigert ihr einfach das Lachen, womit sich die Sache erledigt

---

83 Auch wenn dies gelegentlich misslingt, was in der unfreiwilligen Komik resultiert.

hat. Denn humorvolle Kunst ist auf das Gegenüber angewiesen, nur durch die lachende oder grinsende Anerkennung des anderen wird Humor zum Humor. Ein Witz, über den kein Mensch jemals gelacht hat, ist kein Witz. Klar, die anderen in Saal mögen gelacht haben, aber das war unter dem Niveau des Rezensenten. Nein, er hat hier keinen Witz erkannt. Lachhaft.

Anhang

Das Lachen
der Lauteren

In der Geschichte des Humors sind es häufig die Schwachen, die sich zu Wort melden. Die Unsportlichen, die Unbeliebten, die Dauerzahnspangenträger, die Verschmähten, die nicht nur vermeintlich, sondern auch bei objektiver Betrachtungsweise – ich meine, machen wir uns nichts vor, Leute –, Hässlichen, sie haben schon tausendfach von sich berichtet, ihre Geschichte erzählt, ihren Spaß gehabt. Statistische Untersuchungen konnten belegen, dass mehr als 92 Prozent aller humorvollen Kunst (in Wirklichkeit etwa sieben Prozent mehr) von dieser Bevölkerungsgruppe kommt, obwohl diese bei strenger Auslegung nur etwas mehr als zwölf Prozent der Bevölkerung ausmacht, andere Forscher sprechen von bis zu 40 Prozent. Der Streit bezieht sich im Wesentlichen darauf, ob eine Sportnote von schlechter oder gleich vier auf mindestens einem Zeugnis schon als Kriterium ausreicht oder ob man den genaueren »Multiaxial unpopularity rating cutoff score« der Universität von Pennsylvania heranziehen muss. Doch wie dem auch sei, in jedem Fall repräsentiert die humorvolle Kunst 60 bis 88 Prozent der Bevölkerung nicht. Zwar rezipieren auch diese Bevölkerungsteile Humor, aber es ist eben nicht ihr Humor. Es ist das Lachen der anderen, der Blick über den Zaun.

Auf den ersten Blick scheint dieses Fremdlachen vollkommen harmlos, ja sogar erstrebenswert. Schließlich müssen wir nicht unbedingt selbst einen weißen Wal fangen, um zu verstehen, wie sich das anfühlt. Warum also sollte die große Bevölkerungsmehrheit nicht ab und zu darüber lachen, wie die schwächere Minderheit sich so fühlt. Nun, wenn es eine Ausnahme bliebe, dann wäre das Ganze tatsächlich nicht der Erwähnung wert. Aber dadurch, dass der Humor der Schwachen eine solche Monopolstellung in der Welt des Humors einnimmt, kommt es zu einer großen Gefährdung, wie man das auch bei anderen Monopolen kennt. Denn diese Meinungsmonopolisierung führt zu einer schweren Wahrnehmungsverzerrung. Bei Experten ist dieses Phänomen schon längst unter dem Begriff der Humorhegemonialisierung bekannt. Es führt dazu, dass ein bestimmter Humorbegriff über Generationen durch alle führenden Kulturmedien gewissermaßen standardisiert wird. Kräftige, gut aussehende Leute sitzen im Parkett vor komischen Filmen, stoßen sich gegenseitig an und sagen: »Haha, das kenn ich! Ich war früher auch so ein unbeliebtes Kind.« Dabei stimmt das überhaupt nicht! Viele der Menschen, die sich heute mit Woody

Allen identifizieren, sind weder alt noch schwach und zum großen Teil nicht einmal jüdisch! Die Bevölkerungsmehrheit wird ihrer tatsächlich gelebten Biografie systematisch beraubt. Hier findet eine Okkupation der Vergangenheit durch eine kleine Minderheit statt, die anscheinend unfähig ist, sich ihr Geld durch eine anständige Arbeit zu verdienen.

Wir leben alle in unseren Fiktionen und sind so zu Opfern geworden. Ganze Themenbereiche bleiben so ausgespart, wichtige Erfahrungen verblassen. Lediglich in den nicht von allen gleichermaßen geschätzten Sparten Action und Pornografie werden auch Erfahrungen von Nicht-Unterlegenen verarbeitet. Immer wieder wurde daher in der Wissenschaft der Ruf nach dem Humor der Mächtigen laut. Wo sind die Zeugnisse der Rechtschaffenen, die Breviere der Bedeutenden, die Stimmen der Starken?

Umso froher können wir uns schätzen, nun das Werk von Stefan Matthes entdeckt zu haben. Nach allem, was wir von ihm wissen, war Stefan Matthes ein schöner Mann. In der Schule waren seine Leistungen durchschnittlich, außer im Sport, wo er immer ein sicherer Einser-Kandidat war. Frühzeitig wurde Stefan im Schwimmverein aufgenommen, wo er immer beste Leistungen zeigte, aber kein Interesse an einer weiteren Entwicklung in dieser Richtung hatte. Dazu hatte er zu viele Freunde und bald Freundinnen, mit denen er seine Freizeit lieber verbrachte. Schon mit fünfzehn fuhr er ein Moped, das ihm seine Eltern schenkten, die sehr wohlhabend waren, weil sie ein gut gehendes Installationsunternehmen besaßen. Mit siebzehn bekam Stefan ein Motorrad und zu seinem achtzehnten Geburtstag einen Pkw der Marke Lada. Er machte eine Ausbildung zum Installateur, die er erfolgreich abschloss, und stieg in den Betrieb der Eltern ein. Hier verdiente er bald eine ganze Stange Geld, das er sehr erfolgreich anlegte.

Stefan umgab sich immer mit schönen Frauen, und die schönste von allen, Nadine, heiratete er. Nadine war Reiseverkehrskauffrau, und sie machte sich bald selbstständig mit dem Geld, das ihr ihre Eltern im Rahmen einer Schenkung zur Verfügung gestellt hatten. Sie beide bekamen genau die Anzahl von Kindern, die sie sich gewünscht hatten. Es waren mehrere, die genaue Zahl ist nicht überliefert. Stefan und Nadine starben gemeinsam in hohem Alter auf dem Rückflug von einem Südsee-Urlaub. Alle Kinder und deren Eheleute waren überzeugt, dass sie den perfekten Tod gefunden hatten. Stefan war ebenso wie seine Frau immer bester Gesundheit. Sein Hausarzt pflegte zu scherzen, dass er, der Arzt, eigentlich Stefan Geld bezahlen müsse, so viel Gesundheit wie dieser seit Jahrzehnten in die Praxis brächte.

Und doch, zur Überraschung nicht nur von Stefans Familie, sondern auch von der breiten Fachöffentlichkeit, hinterließ Stefan Matthes ein Werk humoristischer Kurzgeschichten. Sie sind anders als die üblichen humoristischen Kurzgeschichten. Hier hören wir keinen Mark Twain, keinen Michail Sostschenko, keinen Luigi Malerba, nur Stefan Matthes hören wir in diesen Humoresken. Wir müssen lernen, sie ohne die Brille unserer Humorkonventionen zu lesen. Sie haben einen anderen Erzählrhythmus, setzen die Pointen anders und könnten gerade deshalb von bahnbrechender Bedeutung sein. Wenn noch mehr zufriedene, gesunde Menschen, angeregt von Stefan Matthes' Beispiel, über ihre Welt berichteten, könnte sich ein ganzer Kosmos ungezählter unerzählter Geschichten für die Kunst öffnen, ein Weltall, in dem nicht Verlierertum und Missgunst, sondern Schönheit und Zufriedenheit regieren. Doch lassen wir den Künstler selbst zu Wort kommen, in seiner Geschichte:

Wie ich einmal einen absolut witzigen Tag hatte (© Stefan Matthes' Erben)
Auf der Arbeit war heute alles prima. In der Mittagspause sagte die Marina, dass mir niemand mein richtiges Alter glauben würde. Die Liebe! Ich muss ihr mal wieder einen Blumenstrauß schenken. Gelbe Rosen, die roten sind nur für Nadine! Nach Feierabend noch schnell der Blick aufs Konto: Herrje, alles voll! Ich werde mir mal wieder was kaufen müssen. Oder ich eröffne noch ein Bankkonto, dann sieht jedes einzelne nicht so voll aus. Mal sehen, ich bespreche das noch mit Nadine und den Kindern. Ach ja, und als ich dann

einparkte, schaute aus dem Fenster von Na-
dines Auto der Kuschelbär von dem Kleinen
raus. Für einen Augenblick dachte ich, der Bär
würde das Auto fahren. Das war lustig! Ich
habe ganz doll gelacht!

So endet *Wie ich einmal einen absolut witzigen Tag
hatte*. Welch ein Furor, was für ein Finale! Während
sonst die Erwähnung von Leid und Trübsinn in Hu-
morgeschichten Standard ist, wagt es Matthes, das
Lachen zu erwähnen, ja, er schließt damit seine Geschichte sogar ab. Das Studium seines Werks wird
noch viele Fragen aufwerfen. Sie sind es wert, beant-
wortet zu werden!

Inhalt

Fleischesser am Rande
des Nervenzusammenbruchs

128 Seiten, Euro 14,99

**Eine bitter-böse Farce auf Trend-Neurotiker,
Pseudo-Vegetarier und eine Welt voller Vorurteile**

»Jakob Hein – selbst Fleischverweigerer – ruft witzig und
provokant dazu auf, selbst zu entscheiden, tolerant zu sein
und: weniger hysterisch.« *Radio Fritz*

»Jakob Hein ist ein Spötter bester Art: exzentrisch in der
Pointe, aber nie plump. Ein Affe klagt über seine Dressur
zum Menschen, wie hier ein Fleischesser über die zum
Modevegetarier. Es kann diese Mode so schädlich nicht sein,
wenn sie solch brillante Komik in Prosaform hervorbringt.«
Ursula März, Die Zeit

www.galiani.de

120 Höhepunkte
deutschsprachiger Komik

752 Seiten, Euro 49,99

»Da soll noch einer sagen, wir Deutschen hätten keinen Humor: Der komische Kanon beweist im Galopp durch fünf Jahrhunderte das Gegenteil.« *FAZ*

»Ein Lesebuch, das den literarischen Qualitätsanspruch und die Vergnügungssucht am Text gleichermaßen befriedigt.« *Deutschlandradio Kultur*

»Ein rundum gelungenes Buch, das Freude macht und förmlich in die Hand genommen werden will.« *Basler Zeitung*

www.galiani.de

»Lustvoll schräg,
sensationell komisch.« <small>WDR 2</small>

368 Seiten, Euro 19,99

»Der brillante literarische Querkopf Frank Schulz hat
den lustigsten Roman der Saison geschrieben, der auch noch
einer der tiefsinnigsten ist.« *FAZ*

»Dieser Roman ist eben nicht nur einer zum Lachen aus
voller Kehle; er ist auch eine wahrhaftige Studie über
Freundschaft und Gewalt, über das Scheitern und den
Versuch, mit Würde zu scheitern.« *NDR*

»Die Welt ist nach diesem Buch nicht mehr die gleiche.«
Volker Weidermann, FAS